Wirtschaft und Politik 5/6

Differenzierende Ausgabe
Nordrhein-Westfalen

mit Beiträgen von
Lukas Conrad Brandt
Almut Falge-Schönfeld
Manuel Geßner
Hasan Inal
Matthias Kerk
Frank Minnebusch
Stephanie Tawakol
Jens Wollmann

unter beratender Mitwirkung von
Benjamin Minkau
Jens Wollman

in Zusammenarbeit mit der Verlagsredaktion

Wirtschaft 5/6 und Politik

Differenzierende Ausgabe
Nordrhein-Westfalen

Redaktion:	Dr. Frank Erzner
Umschlaggestaltung:	Klein & Halm Grafikdesign, Berlin
Kartenherstellung und Grafik:	Erfurth Kluger Infografik, Berlin; Dieter Stade, Hemmingen
Layout:	Stephan Hilleckenbach, Berlin
Technische Umsetzung:	SPi Global
Coverfoto:	Kinder vor dem Landtagsgebäude in Düsseldorf

www.cornelsen.de

Soweit in diesem Lehrwerk Personen fotografisch abgebildet sind und ihnen von der Redaktion fiktive Namen, Berufe, Dialoge und Ähnliches zugeordnet oder diese Personen in bestimmte Kontexte gesetzt werden, dienen diese Zuordnungen und Darstellungen ausschließlich der Veranschaulichung und dem besseren Verständnis des Inhalts.

1. Auflage, 1. Druck 2021

Alle Drucke dieser Auflage sind inhaltlich unverändert
und können im Unterricht nebeneinander verwendet werden.

Druck: Mohn Media Mohndruck, Gütersloh

ISBN 978-3-06-065915-9 (Schülerbuch)

ISBN 978-3-06-065921-0 (E-Book)

Politik

Kapitel 1

Zusammenleben in der Demokratie

Kapitel 2

Vielfältige Lebensformen

Kapitel 3

Leben in der Medienwelt

Wirtschaft

Kapitel 4

Wirtschaft verstehen

Kapitel 5

Wirtschaft und Umweltschutz

Kapitel 6

Kinder der Welt

So arbeitet ihr mit diesem Buch...

Kapitelanfänge

Jedes Kapitel beginnt mit einem großen Foto und Leitfragen zum Inhalt, die auf der rechten Seite in einem farbigen Kasten stehen.

Medienkompetenz

Doppelseiten und Aufgaben mit diesem Symbol erweitern deine Medienkompetenz.

Themendoppelseiten

Oben auf der linken Seite findet ihr eine Leitfrage zum Inhalt der Doppelseite. Oft kommen auf den Seiten Begriffe vor, die erklärt werden. Diese Begriffe sind mit einem Sternchen* versehen. Sie werden in Lexikon-Kästchen erklärt. Auf jeder Seite findet ihr Fotos, Bilder, Schaubilder oder Diagramme. Alle Materialien könnt ihr mithilfe der Aufgaben erarbeiten. Außerdem findet ihr auf den Seiten Sprachspeicher. Sie unterstützen euch bei der Lösung der Aufgaben. Auch die Starthilfen hinter manchen Aufgaben unterstützen euch. Hierbei handelt es sich um Satzanfänge und Formulierungen, die ihr für eure Aufgabenlösungen nutzen könnt.

Aufgaben

Jede Aufgabe ist mit einem farbigen Viereck gekennzeichnet. Aufgaben mit diesem Zeichen ⊡ sind leichter zu lösen als Aufgaben mit diesem Zeichen ⊠.

Methoden

Mithilfe der Methodenseiten könnt ihr Schritt für Schritt erlernen, wie ihr euch Informationen beschafft, bearbeitet und präsentiert. In Kurzform sind die Methoden noch einmal auf den Seiten 151 bis 156 abgedruckt.

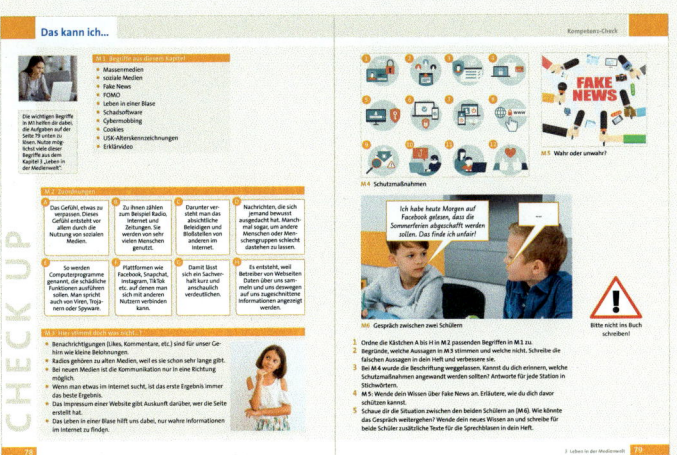

Das kann ich!

Jedes Kapitel endet mit einem „Check-up". Hier könnt ihr euer Wissen und Können testen und eure neu erworbenen Kompetenzen anwenden.

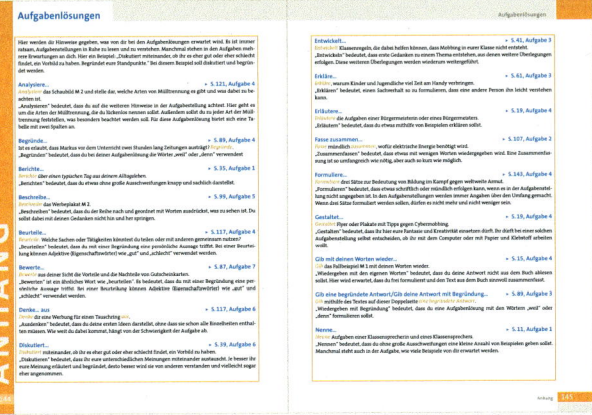

Anhang

Im hinteren Teil des Buchs sind weitere Arbeitshilfen zu finden. Alle Lexikon-Erklärungen und Methoden aus dem Innenteil des Buchs sind hier noch einmal in einer Kurzform und einer Gesamtübersicht abgedruckt. Außerdem findet ihr hier nützliche Hinweise, was von euch bei Aufgabenlösungen erwartet wird.

 **BuchBlicker-App**

Die BuchBlicker-App ermöglicht euch einen kostenfreien Zugang zu Materialien, mit deren Hilfe ihr lernen und anwenden könnt. So einfach ist es: Die BuchBlicker-App wird heruntergeladen. Dann gebt ihr die Seitenzahl ein, für die ihr euch interessiert. Ihr seht beispielsweise Erklärvideos oder könnt kleine Hörspiele aktivieren. Wo es Materialien gibt, erkennt ihr unten auf den Seiten anhand dieses Zeichens: 🔲

KAPITEL 1

Wahl des

Cem   Till

卌 II   卌 卌

Zusammenleben in der Demokratie

In diesem Kapitel lernst du etwas über die Mitgestaltung in der Schule sowie in einer Gemeinde. Außerdem lernst du das Jugendschutzgesetz kennen:

- Warum gibt es Regeln im Schulleben und welchen Sinn haben diese?
- Wie kann ich das Schulleben mitgestalten?
- Was ist für das Zusammenleben in der Schule wichtig?
- Wie kann ich mich in einer Gemeinde einbringen?
- Warum gibt es das Jugendschutzgesetz?

M1 Zwei Kandidaten* für die Wahl der Klassensprecherin oder des Klassensprechers

Mannschaftskapitän oder Klassensprecher?

Timo spielt seit einem halben Jahr Fußball. Es macht ihm großen Spaß. Gern würde er Mannschaftskapitän sein, um mehr Verantwortung zu tragen. Allerdings hat der Trainer sich für einen anderen Spieler entschieden. Das macht ihn sehr traurig. Timos Mutter tröstet ihn und schlägt vor, dass er auch in der Schule eine verantwortungsvolle Aufgabe als Klassensprecher übernehmen könnte.

Welche Aufgaben gibt es?

Jede Klasse wählt eine Klassensprecherin oder einen Klassensprecher. Sie oder er soll die Interessen der Mitschüler vertreten. Sie tragen bestimmte Wünsche der Klasse, wie ein Vorschlag für einen Ausflug in einen Zoo, ins Museum oder auch zu einem Kletterpark, an die Lehrkraft heran. Manchmal gibt es auch Missverständnisse* zwischen Schülern und Lehrern. Auch in solchen Fällen kann

sich ein Schüler an die Klassensprecherin oder an den Klassensprecher wenden. Sie können auch bestimmte Vorschläge oder Kritik* einzelner Schülerinnen und Schüler oder der gesamten Klasse an die Schulleitung weiterleiten. Außerdem muss man als Klassensprecherin oder Klassensprecher an sogenannten „SV-Sitzungen*" teilnehmen. Alle dort getroffenen Vereinbarungen* werden anschließend der Klasse mitgeteilt.

Wer ist für eine Wahl geeignet?

Vor der Wahl der Klassensprecherin oder des Klassensprechers wird im Unterricht noch einmal besprochen, wer für ein solches Amt* geeignet wäre. Eigenschaften, Talente* und Fähigkeiten, aber auch die Beliebtheit in einer Klasse spielen für die Wahl eine wichtige Rolle. Timo ist sich dessen bewusst und überlegt, wie er seine Klasse am besten von sich überzeugen kann.

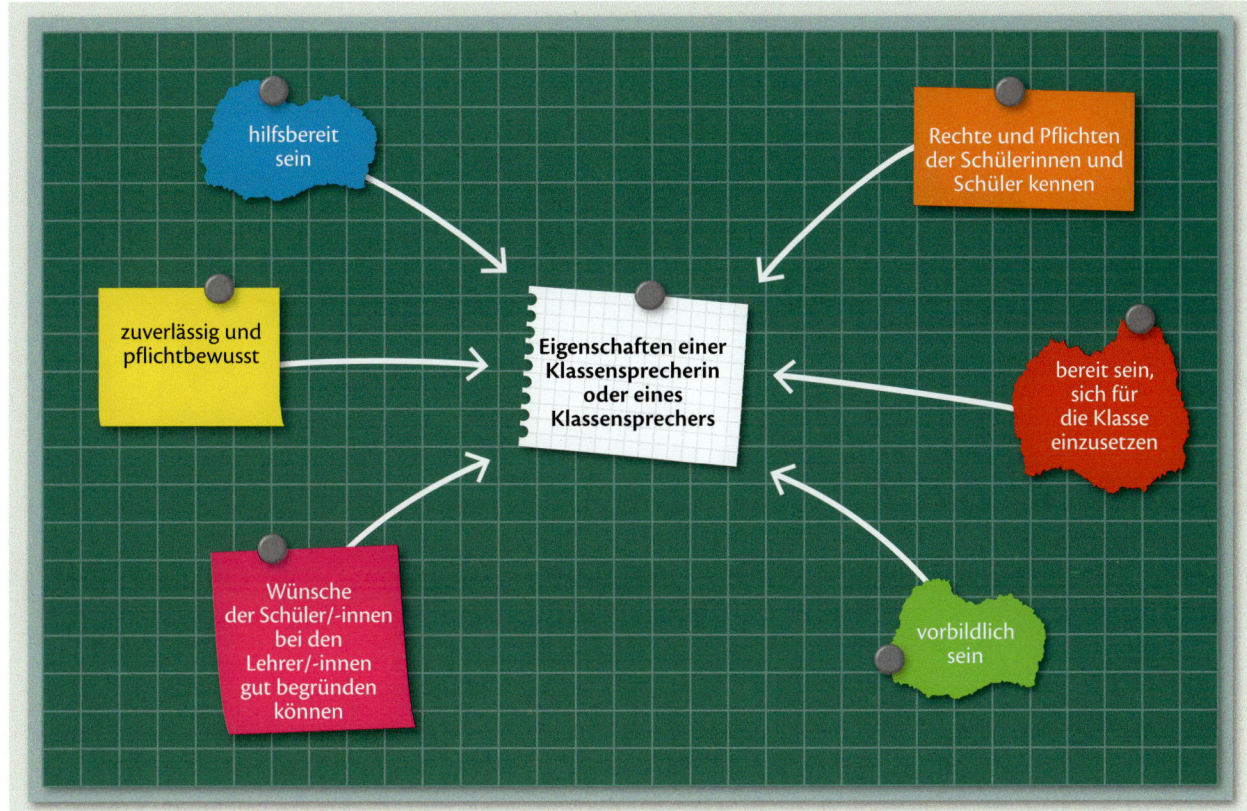

M 2 Hilfreiche Eigenschaften

1 Nenne Aufgaben einer Klassensprecherin und eines Klassensprechers.

2 Erkläre, welche Eigenschaften und Talente für eine Klassensprecherin oder einen Klassensprecher günstig sind. Verwende dazu auch **M 2**.

3 Nimm Stellung, ob es für Timo ein guter Ersatz sein könnte, nicht Mannschaftskapitän, sondern Klassensprecher zu werden. Begründe deine Antwort.
Starthilfe Eine Klassensprecherin/ein Klassensprecher hat die Aufgabe... Bei einer Klassensprecherin/einem Klassensprecher steht im Vordergrund... Für eine Klassensprecherin/einen Klassensprecher ist es wichtig, dass...

4 Versetze dich in die Lage einer Kandidatin oder eines Kandidaten für eine Klassensprecherwahl. Wie würdest du für deine Wahl werben? Warum?
Starthilfe Wenn ich für die Klassensprecherwahl kandidieren würde, würde ich... Als Bewerberin/als Bewerber bei der Wahl der Klassensprecherin/des Klassensprechers...

5 Gibt es auch schlechte Wahlwerbung? Erläutere, was aus deiner Sicht bei einer Klassensprecherwahl eher ungünstig sein könnte.

Sprachspeicher
für das Amt einer Klassensprecherin zur Verfügung stehen...
für das Amt eines Klassensprechers kandidieren...
sich als Kandidatin/ Kandidat aufstellen lassen...
sich zu einer Wahl zur Verfügung zu stellen...
zur Klassensprecherin/ zum Klassensprecher gewählt werden...
in das Amt einer Klassensprecherin gewählt werden...
das Amt einer Klassensprecherin bekleiden...
das Amt eines Klassensprechers ausüben...

Wie erfolgt eine Klassensprecherwahl?

M1 Auszählung der Stimmen nach einer Wahl

Sprachspeicher
eine Wahl
durchführen...
jemanden wählen...
Grundsätze einer
Wahl...
Wahlgrundsätze...
Stimmen abgeben...
Stimmabgabe...
Stimmen erhalten...
Stimmen auf sich
vereinigen...

*Lexikon
die **Protokollantin,** *der*
Protokollant: eine Person, die eine Mitschrift
anfertigt – z. B. wie eine
Wahl durchgeführt wird

Wie wird gewählt?

Demnächst stehen die Wahlen zur Klassensprecherin oder zum Klassensprecher an. Auch in den neuen fünften Klassen soll in den ersten zwei bis drei Wochen des Schuljahres gewählt werden. So haben alle Schülerinnen und Schüler eine Möglichkeit, sich untereinander besser kennenzulernen.

Zur Wahlvorbereitung gehören eine Liste, Stimmzettel und eine Protokollantin* oder ein Protokollant*. In die Liste wird eingetragen, wer für die Wahl zur Verfügung steht. Es werden insgesamt zwei Personen gewählt. Diejenige mit den meisten Stimmen wird Klassensprecherin oder Klassensprecher. Wer die zweithöchste Zahl an Stimmen erhält, wird stellvertretende Klassensprecherin oder stellvertretender Klassensprecher. Wenn für zwei Personen dieselbe Anzahl an Stimmen abgegeben wird, findet eine Stichwahl statt. Nach der Stimmauszählung werden die Gewählten gefragt, ob sie die Wahl annehmen. Im Protokoll müssen das Datum, der Ort, die Namen aller Kandidatinnen und Kandidaten, das Wahlergebnis und die Namen der Gewinner stehen. Das Protokoll wird nach der Wahl der Schulleitung überreicht.

Wahlgrundsätze

Bei Wahlen in Deutschland gelten allgemeine Wahlgrundsätze. Wahlen sollen gleich, allgemein, unmittelbar, frei und geheim sein. Diese Wahlgrundsätze stehen im Grundgesetz. Bei kleineren Wahlen kann auch per Handzeichen abgestimmt werden. Somit wäre die Wahl allerdings nicht mehr geheim. Ob geheim gewählt werden soll, wird zuvor von den wahlberechtigten Personen entschieden.

M2 Stimmabgabe bei einer Wahl in Deutschland

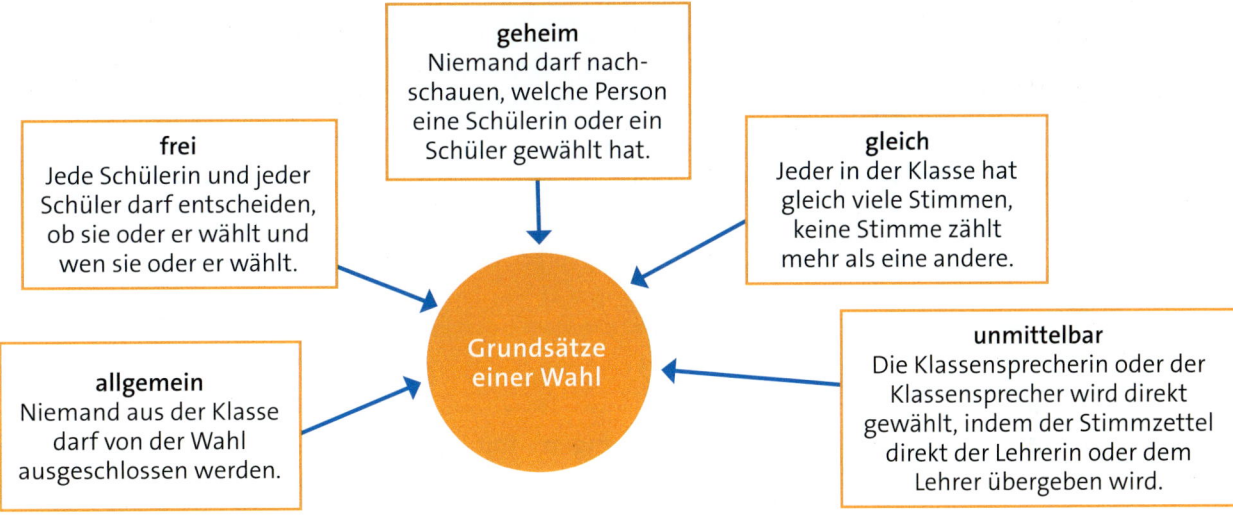

geheim
Niemand darf nachschauen, welche Person eine Schülerin oder ein Schüler gewählt hat.

frei
Jede Schülerin und jeder Schüler darf entscheiden, ob sie oder er wählt und wen sie oder er wählt.

gleich
Jeder in der Klasse hat gleich viele Stimmen, keine Stimme zählt mehr als eine andere.

Grundsätze einer Wahl

allgemein
Niemand aus der Klasse darf von der Wahl ausgeschlossen werden.

unmittelbar
Die Klassensprecherin oder der Klassensprecher wird direkt gewählt, indem der Stimmzettel direkt der Lehrerin oder dem Lehrer übergeben wird.

M3 Fünf Wahlgrundsätze in Deutschland

1 Liste in Stichwörtern auf, wie eine Klassensprecherwahl erfolgt. Lies hierfür den Text auf der Seite 12.

2 Nenne die Grundsätze, die bei Wahlen in Deutschland zu berücksichtigen sind.

3 Erläutere mithilfe von **M3** die Wahlgrundsätze anhand von Beispielen.

4 Nimm mit Begründung Stellung, ob eine Abstimmung per Handzeichen immer genauso gut ist wie eine geheime Wahl.
Starthilfe Meiner Meinung nach ist eine Abstimmung per Handzeichen nicht so gut wie eine geheime Wahl, weil... Ich würde einer Wahl per Handzeichen zustimmen/nicht zustimmen, da...

5 Jasmin aus der Klasse 5a ist der Meinung, dass ihre Stimme unwichtig wäre. Sie wird deshalb nicht an der Wahl teilnehmen. Diskutiert darüber in der Klasse.

M 1 Ein Fallbeispiel

Die Klasse 5a beauftragt ihre Klassensprecherin, das Handyverbot an der Schule wieder aufheben zu lassen. Die Klassensprecherin informiert darüber den Schülerrat. Im Schülerrat stimmt die Mehrheit diesem Vorschlag zu. Obwohl der Verbindungslehrer seine Bedenken äußert, ist der Schülerrat nicht umzustimmen. Daraufhin wird dieser Vorschlag auf Antrag bei der Schulleitung mit in die Schulkonferenz* aufgenommen. Dort sitzen in gleicher Anzahl Schüler aus der SV, Elternvertreter sowie Lehrervertreter, die alle stimmberechtigt sind. Des Weiteren nehmen die Schulleitung als Gesprächsleiter, der Verbindungslehrer* und weitere außerschulische Berater ohne Stimmrecht* an der Schulkonferenz teil. In der Schulkonferenz entscheidet die Mehrheit, ob das Handyverbot endgültig abgeschafft werden soll oder nicht.

*Lexikon

die Schulkonferenz: Besprechung, in der Eltern, Schüler/-innen, Lehrer/-innen und die Schulleitung eine Entscheidung über wichtige Themen des Schullebens treffen

die Verbindungslehrerin, *der* **Verbindungslehrer:** Ansprechperson für Schüler/-innen, wenn es Probleme mit den Lehrerinnen oder Lehrern oder den Mitschülerinnen und den Mitschülern gibt

das Stimmrecht: Recht, an einer Abstimmung oder an Wahlen teilzunehmen

Das Schulgesetz

Unter welchen Bedingungen, mit welchen Rechten und Pflichten und mit welchen Zielen in Schulen in Nordrhein-Westfalen gelehrt und gelernt wird, steht im Schulgesetz für das Land Nordrhein-Westfalen. In diesem Schulgesetz ist unter anderem geregelt, was Leistungsbewertungen ausdrücken sollen – von der Note „sehr gut" bis „ungenügend". Im Schulgesetz ist auch beschrieben, wie eine Schülervertretung funktioniert.

Die Schülervertretung

Die Schülervertretung nimmt die Interessen der Schülerinnen und Schüler wahr. Dieser Satz stammt aus dem Schulgesetz. Eine Schülervertretung setzt sich gewissermaßen aus vielen Teilen zusammen. Diese Teile werden auch als „Elemente" bezeichnet. Dazu gehört der Schülerrat, das sind alle Klassensprecher/-innen und deren Stellvertreter/-innen einer Schule. Der Schülerrat kann eine Schülerversammlung organisieren. Eine Schülerversammlung kann bis zu zweimal im Schuljahr während der allgemeinen Unterrichtszeit stattfinden. Ein weiteres Element der Schülervertretung sind Verbindungslehrerinnen und Verbindungslehrer. Sie unterstützen die Arbeit der Schülervertretung. Der Schülerrat wählt je nach Größe der Schule bis zu drei Verbindungslehrer/-innen.

SV-Stunden

Zur Schülervertretung zählen sogenannte „SV-Stunden", die regelmäßig in den Klassen durchgeführt werden. Bei diesen Terminen wird über Wünsche, gemeinsame Unternehmungen, organisatorische Angelegenheiten, aber auch über Probleme in der Klasse gesprochen. Wünsche und Angelegenheiten, die nicht nur eine einzelne Klasse betreffen, werden ebenfalls an die/den Klassensprecher/-in herangetragen. Die/der Klassensprecher/-in übermittelt diese Informationen später dem Schülerrat.

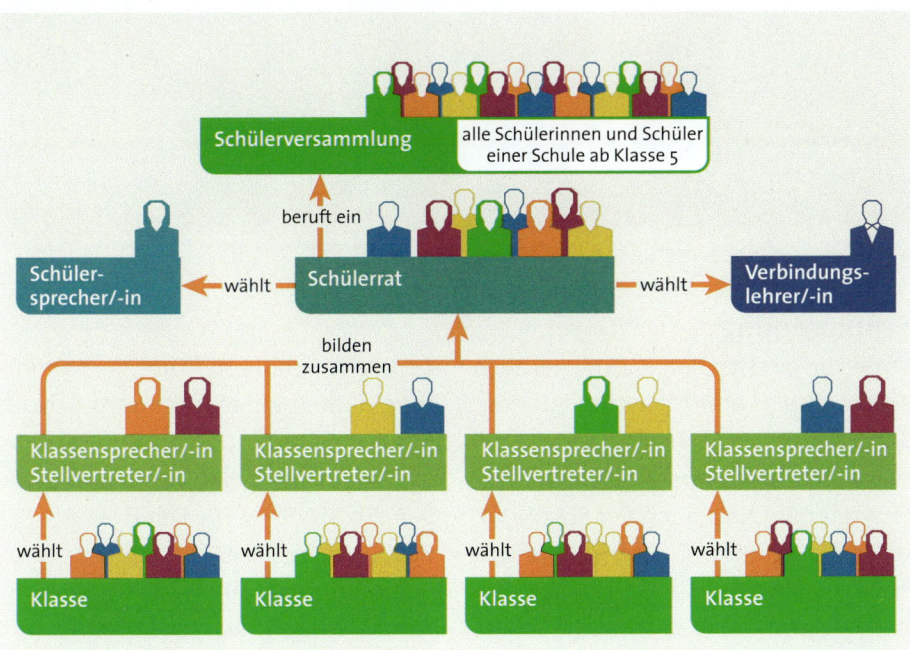

M 2 Aufbau einer Schülervertretung

1 Fasse kurz mündlich zusammen, was durch das Schulgesetz geregelt wird.
Starthilfe Im Schulgesetz steht... Das Schulgesetz regelt... Im Schulgesetz wird beschrieben...

2 Berichte über eine „SV-Stunde". Wer nimmt daran teil? Was wird in einer SV-Stunde besprochen?

3 Erkläre den Begriff „Schülervertretung". Nutze dafür auch **M 2**.

4 Gib das Fallbeispiel **M 1** mit deinen Worten wieder.

5 In **M 1** wird das Wort „Schulkonferenz" verwendet. Erläutere, was damit gemeint ist.

6 Diskutiert miteinander, worüber ihr in eurer nächsten SV-Stunde sprechen möchtet.

Wozu gibt es eine Schulordnung?

M1 Respektloses Verhalten auf einem Schulhof

Schulordnung

Viele von euch haben wahrscheinlich schon einmal eine Situation auf dem Schulhof erlebt, die unangenehm war. Neben den Pausen kann das Miteinander vor und nach der Schule sowie während des Unterrichts ebenfalls manchmal schwierig sein. Um das Zusammenleben in einer Schule einfacher zu gestalten, sind Regeln hilfreich. Diese Regeln müssen von jeder/jedem Einzelnen befolgt werden. Jede Schule hat ihre Verhaltensregeln in einer Schulordnung schriftlich festgehalten. Die Schulordnung wird von der Schulkonferenz erlassen. So steht es im Schulgesetz. Die Schülerinnen und Schüler haben die Schulordnung einzuhalten und die Anordnungen der Lehrerinnen und Lehrer, der Schulleitung und anderer dazu befugter* Personen zu befolgen. Auch das steht im Schulgesetz.

***Lexikon**
befugt: ein selten verwendetes Wort aus der Rechtssprache, das so viel bedeutet wie „berechtigt"

M2 Aus einer Schulordnung

- Rauchen, Alkohol und Drogen sind auf dem Schulgelände verboten.
- Kaugummikauen ist nicht erlaubt.
- Die Arbeit im Unterricht ist uns sehr wichtig. Daher sollte der Unterricht pünktlich beginnen.
- Schüler/-innen und Lehrer/-innen sind für Ordnung und Sauberkeit in der Schule mitverantwortlich. Beim Wechsel der Unterrichtsräume achtet der Ordnungsdienst auf ein sauberes Klassenzimmer, auf eine abgewischte Tafel und auf geschlossene Fenster.
- Ohne Erlaubnis einer Lehrerin oder eines Lehrers darf kein/-e Schüler/-in während der Pausen das Schulgelände verlassen.

> Respektvoller Umgang, Pünktlichkeit und Sauberkeit sind Grundvoraussetzungen für ein angenehmes Miteinander an unserer Schule.

M 3 Aussage eines Schulleiters

Regelverstöße und Maßnahmen

Die alltägliche Erfahrung zeigt, dass nicht alle vereinbarten Regeln einer Schulordnung eingehalten werden. So kommt es vor, dass Schüler/-innen vergessen, ihren Platz sauber zu hinterlassen, manche zu spät zum Unterricht kommen, sich respektlos gegenüber Mitschülern oder Lehrern verhalten oder dass etwas beschädigt wird. Für solche Regelverstöße werden von den Lehrkräften und der Schulleitung Maßnahmen eingeleitet, um klarzumachen, dass unangemessenes Verhalten nicht geduldet wird.

1 Beschreibe den Begriff „Schulordnung" mit deinen Worten.

2 Schreibe stichpunktartig auf, was du als gutes Verhalten auf einem Schulhof bezeichnen würdest. Verwende für deine Antwort auch **M 1**.

3 Nimm Stellung zu **M 2**. Hältst du diese Regeln für sinnvoll und richtig? Antworte mit Begründungen. *Starthilfe Es gibt Schulregeln, da...*

4 Nenne weitere Regeln, die du in eine Schulordnung aufnehmen würdest. Begründe deine Antwort.

5 Erläutere die Aussage des Schulleiters (**M 3**).

6 Formuliere Fragen zu eurer Schulordnung, wenn du bestimmte Textstellen nicht verstehst.

7 „Eine Schulordnung ist überflüssig, da viele Schüler/-innen immer wieder gegen Regeln verstoßen". Welche Meinung vertrittst du? *Starthilfe Es gibt viele Punkte die für/gegen eine Schulordnung sprechen. Zum einen... zum anderen... Deshalb bin ich der Meinung...*

Sprachspeicher
Regeln befolgen...
gegen eine Regel verstoßen...
eine Schulordnung erlassen...
mithilfe einer Schulordnung regeln...

Wenn ich gewählt werde, werde ich dafür sorgen, dass die Toiletten in den Schulen erneuert werden.

Wenn ich gewählt werde, dann werde ich die Schulwege unserer Kinder sicherer machen.

M1 Zwei Kandidaten für die Wahl der Bürgermeisterin oder des Bürgermeisters

Wahlkampf in der Stadt

In der ganzen Stadt hängen Wahlplakate mit unterschiedlichen Personen verschiedener Parteien, die jeweils ein Wahlversprechen geben. Vor dem Wahlkampf wurden nicht nur Plakate aufgehängt, sondern auch Vereine besucht und allerlei Informationsmaterial verteilt: Es geht um das Amt der Bürgermeisterin oder des Bürgermeisters.

Wer kann Bürgermeisterin oder Bürgermeister werden?

Um in Nordrhein-Westfalen zur Bürgermeisterin oder zum Bürgermeister gewählt werden zu können, muss man mindestens 23 Jahre alt sein und die deutsche Staatsbürgerschaft besitzen. Außerdem sollte man möglichst in der Gemeinde* wohnen und ein politisches Programm haben. In diesem politischen Programm sollte stehen, wie die Kandidatin oder der Kandidat über wichtige Themen denkt – beispielsweise zum Thema „Umwelt". So lässt sich erkennen, was der Kandidatin oder dem Kandidaten besonders wichtig ist.

Chefin oder Chef im Rathaus

Bürgermeisterinnen und Bürgermeister werden in Nordrhein-Westfalen für fünf Jahre gewählt. Wählen dürfen alle EU-Bürger/-innen* ab 16 Jahren, die ihren Wohnsitz in der Gemeinde haben, in der gewählt wird.

Das Amt der Bürgermeisterin oder des Bürgermeisters umfasst viele Aufgaben. Sie oder er ist Vorgesetzte/-r aller Mitarbeiterinnen und Mitarbeiter im Rathaus, beruft die Sitzung des Rats der Gemeinde ein und führt dort den Vorsitz. Die Sitzungen sind häufig öffentlich, das bedeutet, dass jeder Einwohner einer Gemeinde zuhören darf.

Bürgermeisterin oder Bürgermeister fällen gemeinsam mit dem Stadtrat Entscheidungen, beantworten Fragen aller politischen Parteien und vertreten die Gemeinde bei wichtigen Anlässen.

Wieso brauche ich einen Rat?

Es steht der Bau einer Schulmensa* an. Um über die Größe und das Aussehen der Mensa zu reden, trifft sich der Rat. Eine Bürgermeisterin

*Lexikon

die **Gemeinde**: ein Ort, in dem Menschen leben; eine Gemeinde kann ein Dorf oder eine Stadt sein oder es können mehrere Dörfer eine Gemeinde bilden.

die **EU-Bürger/-innen**: alle Menschen, die in einem Land der Europäischen Union leben

die **Schulmensa**: ein großer Raum, der für die Ausgabe eines meistens warmen Mittagessens genutzt wird

oder ein Bürgermeister entscheiden bei solchen wichtigen Angelegenheiten nicht allein, sondern benötigen bei größeren Angelegenheiten die Unterstützung des Stadtrats. So werden wichtige Entscheidungen in der Gemeinde demokratisch* getroffen. Die Wahl der Mitglieder findet ebenfalls alle fünf Jahre statt. Im Stadtrat sitzen Vertreterinnen und Vertreter unterschiedlicher Parteien, die von den Bürgerinnen und Bürgern der Stadt gewählt werden. Alle Mitglieder arbeiten ehrenamtlich. Sie bekommen für ihre Arbeit kein Geld, sondern nur eine Aufwandsentschädigung*.

Ein Stadtrat ist etwas Ähnliches wie euer Schülerrat. Am Ende von Diskussionen wird abgestimmt, wer dafür und wer dagegen ist. Auch bei den Sitzungen des Stadtrats gibt es unterschiedliche Meinungen, die diskutiert werden.

M 2 Eigenschaften

älter · mutig · nett · sportlich · redegewandt · bürgernah · zielbewusst · gesellig · geduldig · sympathisch · jünger · aggressiv · witzig · erfahren · ehrlich · eingebildet · ängstlich

M 3 Je mehr Hände, desto schneller die Arbeit...

1 Betrachte **M 1**. Wen von den beiden würdest du wählen? Begründe deine Entscheidung. *Starthilfe Ich würde die Frau wählen, weil... Ich würde den Mann wählen, da...*

2 Nenne Eigenschaften, die eine Bürgermeisterin oder ein Bürgermeister haben soll. Nutze hierzu **M 2**. *Starthilfe Ich habe mich für das Adjektiv „zielbewusst" entschieden, da... Unsere Bürgermeisterin oder unser Bürgermeister sollte witzig und mutig sein, denn...*

3 Fallen dir noch weitere Eigenschaften ein, als in **M 2** aufgelistet sind? Ergänze und begründe sie.

4 Erläutere die Aufgaben einer Bürgermeisterin oder eines Bürgermeisters.

5 Partnerarbeit: Erkundigt euch über eure Gemeinde. Wer ist eure Bürgermeisterin oder euer Bürgermeister? Wie setzt sich euer Stadtrat zusammen? Erstellt einen Steckbrief.

6 Erkläre, wieso eine Gemeinde einen Stadtrat benötigt.

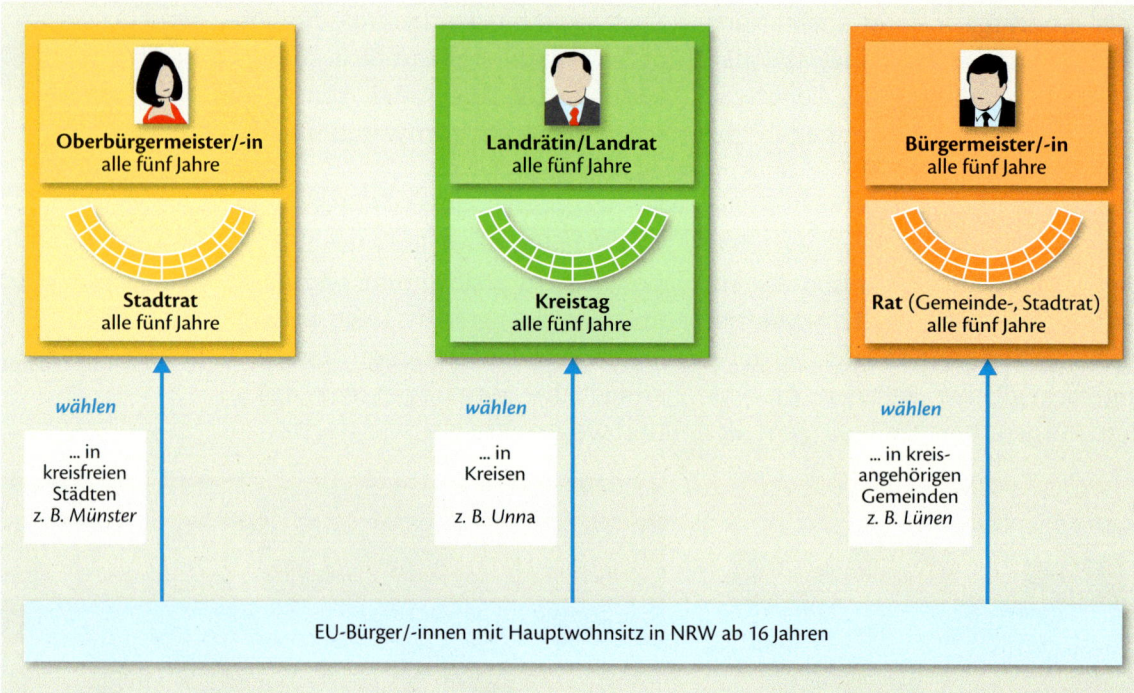

M1 Schaubild zur Kommunalwahl in Nordrhein-Westfalen

Schaubilder

In Schaubildern werden umfangreiche Informationen zeichnerisch oder grafisch mit wenigen Mitteln dargestellt. Schaubilder lassen auf einen Blick größere Zusammenhänge erkennen. In Schaubildern werden geometrische Figuren wie Kreise und Vierecke verwendet. Beziehungen zwischen Elementen werden mit Pfeilen dargestellt.

1. Schritt: Sich einen ersten Überblick verschaffen

Zuerst stellt ihr fest, was in einem Schaubild dargestellt wird. Hierbei helfen euch Formulierungen, die hier zusammengestellt wurden.

Thema des Schaubilds ist...
Das Schaubild gibt Auskunft über...
Dem Schaubild ist zu entnehmen, dass...
Dem Schaubild ist zu entnehmen, wie...
Das Schaubild stellt dar, wie...
Das Schaubild informiert über...

Im Beispiel auf dieser Doppelseite könnte eine erste Einordnung so erfolgen: „Das Thema des Schaubilds **M1** ist die Kommunalwahl in Nordrhein-Westfalen. Dargestellt wird, wer in NRW welche kommunale Vertretung wählen darf."

METHODE

APP

2. Schritt: Auf Einzelheiten eingehen

In einem zweiten Schritt werden die einzelnen Bestandteile oder Elemente eines Schaubilds betrachtet. Welche Personen oder Organisationen werden genannt? Wie sind die Bestandteile oder Elemente angeordnet? In welchem Verhältnis stehen sie zueinander?

> Das Schaubild besteht aus Vierecken, die...
> Mit großen Vierecken wird im Schaubild dargestellt, wer...
> Zwischen den Vierecken wird durch Pfeile ausgedrückt, dass...
> An den Pfeilen befinden sich die Wörter...

Im Beispiel auf dieser Doppelseite könnte der zweite Schritt so gelöst werden: „Im Schaubild **M 1** werden kreisfreie Städte, Kreise und kreisangehörige Gemeinden unterschieden. Sie sind in Form von kleinen Vierecken mit blauen Rändern im unteren Bereich des Schaubilds abgedruckt. Drei Pfeile gehen ebenfalls vom unteren Bereich des Schaubilds aus. An diesen Pfeilen steht jeweils das Wort „wählen". Ausgangspunkt der drei Pfeile ist ein Viereck mit der Beschriftung „EU-Bürger/-innen mit Hauptwohnsitz in NRW ab 16 Jahren". Die drei Pfeile enden in drei Vierecken mit drei unterschiedlichen Farben. In diesen Vierecken sind jeweils zwei weitere Vierecke abgebildet. In diesen Vierecken steht, wer gewählt wird. Die Bezeichnungen unterscheiden sich. In kreisfreien Städten werden ein Stadtrat und eine Oberbürgermeisterin oder ein Oberbürgermeister gewählt. In Kreisen werden ein Kreistag und eine Landrätin oder ein Landrat gewählt. In kreisangehörigen Gemeinden werden ein Rat und eine Bürgermeisterin oder ein Bürgermeister gewählt. Alle werden für die Dauer von fünf Jahren gewählt.

3. Schritt: Fragen klären

In einigen Schaubildern könnten Teile unverstanden bleiben. Dann müsst ihr eure Fragen so gut formulieren, dass sie von jemand anderem leicht verstanden und schnell beantwortet werden können. Wenn niemand für eine Antwort zur Verfügung steht, könnte eine Recherche im Internet zu einer Lösung führen.

> Im Beispiel auf dieser Doppelseite könnte eine erste offene Frage sein: „Was bedeutet das Wort „Hauptwohnsitz"?" Hierfür und für andere Begriffe aus dem Schaubild findet ihr Hinweise im Lexikon, das auf den Seiten 148 bis 151 abgedruckt ist.

4. Schritt: Ins „fotografische Gedächtnis" abspeichern

Schaubilder bieten eine gute Gelegenheit, sich viele Informationen für eine längere Zeit zu merken. Hier kommt unser „fotografisches Gedächtnis" ins Spiel. Menschen können sich nämlich besonders gut merken, was sie wie ein Foto abgespeichert haben. Deswegen: ein Schaubild gut und lange genug „auf sich einwirken lassen".

M 1 Eine Expertenbefragung wird durchgeführt.

Expertenbefragung

Eine Expertin oder ein Experte ist eine Person, die über ein hohes Maß an Wissen und Erfahrungen zu einem Thema verfügt. Expertinnen und Experten können wir im Radio oder im Fernsehen erleben. Üblicherweise haben wir keinen unmittelbaren und dauerhaften Kontakt zu ihnen. Hin und wieder ist es jedoch möglich, direkt mit einer Expertin oder einem Experten zu sprechen. Das sollte gut vorbereitet sein. Einerseits können wir so unseren Respekt ausdrücken, andererseits haben wir selten eine zweite Chance für die Wiederholung einer Expertenbefragung.

1. Schritt: Vorbereitung

Bevor ihr mit einer Expertin oder einem Experten in Kontakt treten möchtet, solltet ihr bereits gut über ein Thema informiert sein. Wenn es beispielsweise um die Aufgaben einer Gemeinde geht, könnt ihr im Internet oder durch Informationsblätter schon einiges erfahren. Auf diese Weise findet ihr womöglich auch heraus, wer für eine Expertenbefragung interessant sein könnte und zur Verfügung stehen würde.

> **M 2 Checkliste zur Vorbereitung einer Expertenbefragung**
>
> - **Wen möchtet ihr befragen?**
>   Wenn ihr noch nicht wisst, wen ihr befragen wollt, schaut im Internet oder auf Informationsmaterial nach einem möglichen Ansprechpartner. Ruft dann an oder schreibt eine E-Mail.
> - **Fragen vorbereiten**
>   Am besten ist es, wenn ihr euch viele Fragen überlegt und sie dann in eine sinnvolle Reihenfolge bringt. Zuerst könnten es Fragen zu den Aufgaben sein, dann Fragen zur Person.
> - **Welche Hilfsmittel werden benötigt?**
>   Die benötigten Hilfsmittel ergeben sich aus unterschiedlichen Situationen. Die Vielfalt reicht von Stiften über einen Collegeblock, einen Laptop bis zu einem Aufnahmegerät. Wenn ihr ein Aufnahmegerät verwenden möchtet, müsst ihr die Expertin oder den Experten um Erlaubnis bitten.

- **Wer macht was?**

  Legt fest, wer was macht. Wer führt das Interview? Wer macht Fotos? Wer schreibt auf?

- **Termin und Ort vereinbaren**

  Vereinbart euren Termin per E-Mail oder telefonisch. Außerdem müsst ihr überlegen, ob ihr jemanden in eure Schule einladet oder zu ihm geht.

- **Fahrt organisieren**

  Falls eure Expertin oder euer Experte weiter weg arbeitet, organisiert rechtzeitig die Fahrt. Schaut z. B. nach Bus- oder Zugverbindungen. Eventuell können euch eure Eltern hinbringen.

2. Schritt: Durchführung

M 3 Checkliste zur Durchführung einer Expertenbefragung

- Denkt an alles, was ihr mitnehmen wollt. Macht eine Liste und hakt sie ab.
- Seid pünktlich. Ihr solltet möglichst ein paar Minuten vor dem Termin da sein.
- Immer höflich bleiben. Erklärt, wer ihr seid und euer Anliegen.
- Zieht euch angemessen an. Jogginghosen wären nicht passend.
- Stellt eure Fragen. Wenn ihr eure Frage gestellt habt, lasst den Experten ausreden.
- Macht euch Notizen während des Gesprächs. Damit ihr auch noch später wisst, was gesagt worden ist, macht ihr euch Notizen.
- Stellt auch Fragen, die sich erst aus einem Gespräch ergeben. Ihr müsst euch nicht haargenau an euren Fragenkatalog halten.
- Versucht möglichst wenig zu kommentieren.
- Bedankt euch bei der Expertin/dem Experten für das Gespräch.

3. Schritt: Auswertung

M 4 Checkliste zur Auswertung einer Expertenbefragung

- Wie viele Personen habt ihr befragt?
- Wurden alle Fragen beantwortet?
- Welche Ergebnisse sind für euch am wichtigsten?
- Welche neuen Erkenntnisse habt ihr gewonnen?
- Erstellt eine Präsentation mit den wichtigsten Ergebnissen. Dazu eignen sich ein Plakat, eine PPP oder eine Wandzeitung.

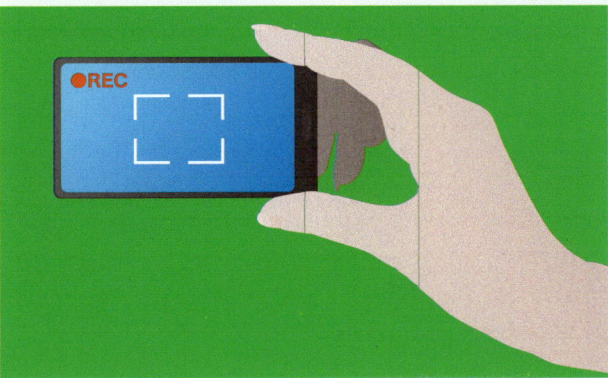

M 5 Vor einer Aufnahme unbedingt um Erlaubnis bitten

Habt ihr schon gehört? Unser Freibad soll schließen.

Wo sollen wir dann hin?

Und dann wundern sich wieder alle, wenn wir so viel an unserem Handy hängen.

M 1 Was können sie tun?

Kinder- und Jugendparlamente

Gemeinden sollen die Interessen der Kinder bei Entscheidungen berücksichtigen. Wenn es beispielsweise um den Ausbau von Radwegen oder um mehr Spielplätze oder Freizeitanlagen geht, sollen auch Kinder und Jugendliche nach ihrer Meinung gefragt werden. Außerdem sollen Kinder und Jugendliche die Möglichkeit haben, eigene Aktivitäten zu planen und durchzuführen.

Ein Kinder- und Jugendparlament kann ähnlich wie ein Rat, ein Stadtrat oder ein Kreistag gewählt werden. Die Kandidaten werden von Gleichaltrigen gewählt. Es gibt aber auch die Möglichkeit, dass die Schulen vor Ort gewählte Schüler entsenden.

In Deutschland gibt es gegenwärtig rund 500 Kinder- und Jugendparlamente. Die ersten Kinder- und Jugendparlamente wurden Mitte der 1980er-Jahre gebildet.

Zusammenarbeit mit der Gemeinde

Das Kinder- und Jugendparlament wird von der Landrätin oder vom Landrat, von der/dem Bürgermeister/-in oder Oberbürgermeister/-in zu solchen Themen eingeladen, die eine besondere Bedeutung für sie haben. Diese Themen werden zusammen mit dem Rat, dem Stadtrat oder dem Kreistag erörtert. Es dürfen Fragen zu einem Projekt gestellt werden. Vorschläge werden gemeinsam diskutiert.

Kinder- und Jugendparlamente sollen die jungen Menschen schon frühzeitig mit dem politischen Geschehen in den Gemeinden in Kontakt bringen. Aus einer/einem jungen Parlamentarier/-in* wird vielleicht später ein/-e Landrätin/ Landrat, Bürgermeister/-in oder Oberbürgermeister/-in.

*Lexikon
die Parlamentarierin/ der Parlamentarier: Mitglied in einem Parlament; ein Parlament ist eine demokratische Einrichtung, in der öffentlich über etwas diskutiert wird, das viele Menschen betrifft

M 2 Der Kinder- und Jugendrat in Iserlohn

Der Kinder- und Jugendrat ist ein Gremium*, das alle Kinder und Jugendlichen Iserlohns vertritt. Schüler/-innen ab der fünften Klasse bis zur 13. Jahrgangsstufe können sich hier für die Belange ihrer Mitschüler/-innen, Freunde und Bekannten einsetzen. Sie können sich in vielen verschiedenen Bereichen der Jugendarbeit engagieren*.

Alle Schulen Iserlohns führen dazu demokratische Wahlen durch. Es werden immer zwei Vertreter/-innen für zwei Stufen entsandt. Diese haben die Möglichkeit, sich in verschiedenen Arbeitsgruppen einzubringen.

*Lexikon

das **Gremium**: eine Gemeinschaft, die etwas beschließen und entscheiden kann – z. B. ein Rat, Stadtrat oder Kreistag

sich engagieren: sich für etwas einsetzen oder an etwas beteiligen

M 3 Möglichkeiten, sich zu engagieren

Wie kannst du dich engagieren?

Schaue auf der Website deiner Stadt nach. Gibt es hier Kinder- und Jugendparlamente? Wenn nicht, wende dich an den Kinderbeauftragten oder das Kinderbüro. Erste Informationen kannst du auch im Jugendzentrum oder Jugendtreff bekommen. Vielleicht ist auch eine Sprechstunde der Landrätin/des Landrats, der Bürgermeisterin/des Bürgermeisters oder der Oberbürgermeisterin/des Oberbürgermeisters eingerichtet worden?

M 4 Diskussion in einem Kinder- und Jugendparlament

1 Erkläre, was ein Kinder- und Jugendparlament ist.

2 Mache einen Vorschlag, was die Kinder in **M 1** tun könnten.

3 Nenne Gründe, warum sich Jugendliche und Kinder in einem Kinder- und Jugendparlament beteiligen. *Starthilfe Ich könnte mir vorstellen, dass...*

4 Nenne unterschiedliche Aufgaben eines Kinder- und Jugendparlaments. *Starthilfe Eine Aufgabe des Kinder- und Jugendparlaments ist... Dort müssen sie...*

5 ▪ Was macht der Kinder- und Jugendrat in Iserlohn (**M 2**)? Recherchiere dazu im Internet.

6 Erläutere, ob du dich in einem Kinder- und Jugendparlament engagieren möchtest. Begründe deine Antwort. *Starthilfe Ich würde mich in einem Kinder- und Jugendparlament engagieren, weil...*

7 Erstelle ein Plakat mit Ideen, wie du dich politisch in deiner Gemeinde beteiligen kannst.

8 Bewerte die gegenwärtige Anzahl von Kinder- und Jugendparlamenten in Deutschland. Findest du diese Anzahl eher hoch oder eher niedrig? Begründe.

Sprachspeicher

sich in einem Kinder- und Jugendparlament engagieren...

sich in einem Kinder- und Jugendparlament einbringen...

in einem Kinder- und Jugendparlament aktiv sein...

M1 In einem Skatepark

Bürgerinnen und Bürger setzen sich für etwas ein

Ein Merkmal unserer Gesellschaft ist, dass auf demokratische Art und Weise allerlei Themen erdacht und entwickelt werden. Dafür gibt es Politiker/-innen und Parlamente. Auch außerhalb von Parlamenten bestehen Möglichkeiten, sich als Bürger/-innen einer Gemeinde zu engagieren. Ein Bespiel dafür sind sogenannte „Bürgerinitiativen". Bürgerinnen und Bürger einer Gemeinde versuchen gemeinsam ein Vorhaben zu planen, zu verhindern oder rückgängig zu machen. Beispielsweise kann eine Bürgerinitiative versuchen, eine neue Buslinie einzurichten. Es kann aber auch eine Bürgerinitiative für den Erhalt eines Freibads kämpfen. Meistens sind die Bürgerinnen und Bürger, die sich zu einer Bürgerinitiative zusammenschließen, von dem Problem betroffen. Nachdem Bürgerinitiativen ihr Ziel erreicht haben, lösen sie sich häufig wieder auf.

Skatepark

Eine Bürgerinitiative möchte erreichen, dass in einem Wohngebiet ein Skatepark gebaut wird. In einer Gemeinderatssitzung werden hierzu unterschiedliche Fragen gestellt. Beispiele für solche Fragen sind: Wie groß soll der Skatepark sein? Gibt es Probleme wegen einer möglichen Lärmbelastung? Wie lassen sich Müll und Zerstörungen vermeiden?

Zu diesem Vorhaben gibt es unterschiedliche Meinungen. Sie werden der/dem Bürgermeister/-in von verschiedenen Parteien vorgestellt. Die Partei A ist für den Skatepark, die Parteien B und C sind dagegen.

Da in der ersten Gemeinderatssitzung kein eindeutiges Ergebnis

---

Sprachspeicher

Eine Bürgerinitiative setzt sich für ein Thema ein...

Eine Bürgerinitiative verfolgt ein Ziel...

Eine Bürgerinitiative sucht Unterstützung...

Eine Bürgerinitiative möchte bewirken, dass...

Ich schließe mich einer Bürgerinitiative an...

zustande kommt, soll eine Abstimmung in einer späteren Sitzung erfolgen. Bis dahin sollen auch alle noch offenen Fragen geklärt werden. Frau König von der Partei B will sich ein Bild vor Ort machen. Sie fährt zu dem Wohngebiet, in dem der Skatepark entstehen soll. Dort befragt sie mehrere Personen. Das Ergebnis der Befragung ist in M2 abgedruckt.

M2 Stellungnahmen zum Skatepark

Frau Idor: „Ich finde einen Skatepark für Jugendliche an sich nicht schlecht, aber Jugendliche sind häufig laut, rauchen und treffen sich möglicherweise abends. Dann gibt es bestimmt auch Verletzte. Der Sport ist ja nicht ungefährlich."

Herr Özdemir: „Ach, lass doch die Jugend. Heutzutage gibt es kaum noch Möglichkeiten, wo man sich bewegen kann. Ist doch besser, als wenn sie alle daheim herumsitzen und mit ihren Handys spielen."

Melanie Guarino: „Ich fände so einen Skatepark echt cool, da könnte man sich treffen, quatschen und mit dem Skateboard fahren."

Lukas Henschke: „Endlich mal etwas für uns Jugendliche! Spielplätze sind was für die Kleinen und in die Disco dürfen wir noch nicht."

Herr Schmidt: „So ein Skatepark ist doch ganz schön laut. Ich brauche meinen Mittagsschlaf und habe echt keine Lust auf das Geschrei der Kinder. Außerdem liegt ständig Müll herum, die räumen doch nichts weg."

Frau Maier: „Was das kostet! Wer soll das denn bezahlen? Dieser modische Schnickschnack. In ein paar Monaten wird den Park eh keiner mehr nutzen!"

1 Beschreibe mit deinen Worten, was eine Bürgerinitiative ist.

2 Lies die Texte in **M2**. Ordne die Standpunkte ein: Wer ist für, wer ist gegen die Skateanlage? Wer hat sich noch nicht klar entschieden? Begründe deine Aussagen.

3 Bildet sechs Gruppen zu jeder einzelnen Person in **M2**. Überlegt euch weitere Aussagen, die zu dieser Person passen könnten. Stellt sie den anderen Gruppen vor.

4 Entscheide auf Grundlage der Aussagen in **M2**, ob ein Skatepark gebaut werden sollte. Begründe deine Entscheidung.

M1 Kinder in einer Gaststätte

M2 Kind bei einem Computerspiel

Das Jugendschutzgesetz

Stell dir vor, dein siebenjähriger Bruder schaut Horrorfilme, deine zwölfjährige Schwester hat heute schon elf Menschen in einem Computerspiel umgebracht und dein Cousin, der 15 Jahre alt ist, trifft sich mit Freunden, um Bier zu trinken. Das wäre vielleicht alles möglich, wenn es das Jugendschutzgesetz nicht gäbe. Das Jugendschutzgesetz soll Kinder und Jugendliche vor Gefahren und negativen* Einflüssen in der Öffentlichkeit und in Medien* schützen. Das Gesetz unterstützt die Eltern bei der Erziehung ihrer Kinder. So regelt es beispielsweise den Verkauf von Alkohol oder Zigaretten sowie den Verkauf und Verleih von Videofilmen und Computerspielen. Bei Verstößen gegen das Jugendschutzgesetz werden nicht die Kinder oder Jugendlichen bestraft, sondern die Erwachsenen. Eine Bestrafung könnte erfolgen, wenn ein Erwachsener einem Kind oder Jugendlichen ein alkoholhaltiges Getränk oder Zigaretten verkauft hat.

*Lexikon

negativ: etwas mit ungünstigen Eigenschaften

die **Medien**: Übermittler von Informationen – z. B. Radio, Fernsehen, Zeitung, Plakate

der **Vormund**: eine Person, die vom Gericht dazu bestimmt ist, die rechtlichen Angelegenheiten einer anderen Person zu regeln

M3 Begriffe aus der rechtlichen Fachsprache

- Ein Abschnitt aus einem Gesetz wird als „Paragraph" bezeichnet und mit diesem Zeichen ausgedrückt: §.
- Ein Kind ist eine Person im Sinne des Jugendschutzgesetzes, die noch nicht 14 Jahre alt ist.
- Jugendliche sind Personen, die 14 Jahre alt, aber noch nicht 18 Jahre alt sind.
- Personensorgeberechtigte Personen sind üblicherweise Eltern oder in Ausnahmefällen ist es ein vom Familiengericht bestellter Vormund*.
- Erziehungsbeauftragte Personen sind Eltern oder von ihnen beauftragte Personen, die ein Kind begleiten.
- Öffentlichkeit sind Orte wie Gaststätten, Diskotheken oder Veranstaltungssäle.

M 4 Auszug* aus dem Jugendschutzgesetz (JuSchG)		Kinder unter 14 Jahren	Jugendliche unter 16 Jahren	Jugendliche unter 18 Jahren
▮ erlaubt ▮ nicht erlaubt ◉ erlaubt in Begleitung einer erziehungsbeauftragten Person				
§ 4	Aufenthalt in Gaststätten	◉	◉	bis 24 Uhr
	Aufenthalt in Nachtbars, Nachtclubs oder vergleichbaren Vergnügungsbetrieben			
§ 5	Anwesenheit bei öffentlichen Tanzveranstaltungen, z. B. Disco	◉	◉	bis 24 Uhr
	Anwesenheit bei Tanzveranstaltungen von anerkannten Trägern der Jugendhilfe	bis 22 Uhr	bis 24 Uhr	bis 24 Uhr
	Anwesenheit bei künstlerischer Betätigung oder zur Brauchtumspflege			
§ 6	Anwesenheit in öffentlichen Spielhallen, Teilnahme an Spielen mit Gewinnmöglichkeit			
§ 7	Anwesenheit bei jugendgefährdenden Veranstaltungen und in Betrieben			
§ 8	Aufenthalt an jugendgefährdenden Orten			
§ 9	Abgabe/Verzehr von Branntwein, branntweinhaltigen Getränken und branntweinhaltigen Lebensmitteln			
	Abgabe/Verzehr anderer alkoholischer Getränke z. B. Wein, Bier			
§ 10	Abgabe/Konsum* von Tabakwaren, nikotinhaltigen Erzeugnissen, elektronischen Zigaretten, Shishas (auch nikotinfrei)			
§ 11	Kinobesuche: Nur bei Freigabe des Films und Vorspanns: „ohne Altersbeschränkung, ab 6/12/16 Jahren"	bis 20 Uhr	bis 22 Uhr	bis 24 Uhr
§ 12	Abgabe von Spielen oder Filmen nur entsprechend der Freigabekennzeichnung: „ohne Altersbeschränkung, ab 6/12/16 Jahren"			
§ 13	Spielen an elektronischen Bildschirmspielgeräten ohne Gewinnmöglichkeit nur nach den Freigabekennzeichen: „ohne Altersbeschränkung, ab 6/12/16 Jahren"			

Lexikon

der Auszug: Teil eines größeren Ganzen, beispielsweise einige Sätze aus einem Märchen

der Konsum: Verzehr oder Verbrauch von etwas

Sprachspeicher

Laut Gesetz ist es verboten...

Ein Erwachsener macht sich strafbar, wenn...

Nach § 4 JuSchG ist es erlaubt, dass...

Es ist ein Verstoß gegen § 6 JuSchG, wenn...

Eine Person verstößt gegen ein Gesetz, weil...

Wer noch nicht erwachsen ist, darf...

Kinder im Alter von sechs bis zehn Jahren...

1 Berichte darüber, was das Jugendschutzgesetz regelt.

2 Erkläre den Auszug aus dem Jugendschutzgesetz (M 4).

3 Findet ihr die Altersgrenzen des Jugendschutzgesetzes richtig? Begründet eure Aussagen. *Starthilfe Ich bin der Meinung, dass die Altersgrenzen..., weil....*

4 Erläutert die Sachverhalte in den Fotos M 1 und M 2. Welche Paragraphen aus dem Jugendschutzgesetz (M 4) können zugeordnet werden?

5 Stell dir vor, deine Eltern fahren über das Wochenende weg und du hast sturmfrei. Würdest du Freunde zu einer Party einladen? Erläutere, ob das laut JuSchG erlaubt ist. *Starthilfe Ich würde...einladen. Laut Gesetz ist es...*

Die wichtigen Begriffe in **M 1** helfen dir dabei, die Aufgaben auf der Seite 31 unten zu lösen. Nutze möglichst viele dieser Begriffe aus dem Kapitel 1 „Zusammenleben in der Demokratie".

M 1 Wichtige Begriffe

- Kandidatin/Kandidat
- SV
- Protokoll
- Wahlgrundsätze
- Stimmrecht
- Schülerrat
- Verbindungslehrer/-in
- Schulkonferenz
- Stadträtin/Stadtrat
- Expertin/Experte
- Jugendparlament
- Jugendschutzgesetz

M 2 Situationen in der Schule

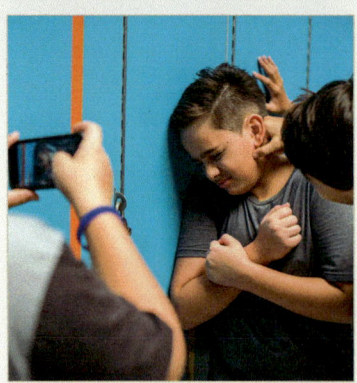

CHECK UP

1 Erkläre mithilfe der folgenden Begriffe, wie man in der Schule mitbestimmen kann: Schülervertretung, Klassensprecher/-in, Schülerrat, Verbindungslehrer.

2 Sieh dir die Fotos in **M 2** an. Was ist in deiner Schule erlaubt und was nicht?

3 Nimm Stellung zu folgenden Aussagen.
  a) Elenis Vater sagt ihr, welche Partei sie wählen soll.
  b) Bürgermeister Schmidt vertritt die Auffassung, dass seine Stimme doppelt so viel zählt wie die von Ali.
  c) Petra möchte wissen, wen Kai gewählt hat. Kai möchte es ihr aber nicht sagen.
  d) Ikra aus der Klasse 5c möchte gerne an der Klassensprecherwahl der Klasse 5a teilnehmen, da sie dort viele Freunde hat.

4 Begründe, welche Begriffe nicht in die Reihe passen.
  a) Bürgermeister, Landkreis, Bademeister
  b) Klassensprecher, Hausmeister, Schülersprecher
  c) Jugendschutzgesetz, Jugendparlament, Schulordnung
  d) Partei, Schulleiter, Kandidat

5 Suche dir drei Möglichkeiten zur Mitwirkung in deiner Gemeinde aus, an denen du dich gerne beteiligen würdest. Begründe deine Entscheidungen.

  ▪ Mitglied in einer Partei werden
  ▪ einen Leserbrief verfassen
  ▪ dem Bürgermeister einen Brief schreiben
  ▪ bei einer Unterschriftensammlung helfen
  ▪ an einer Demonstration (wie Fridays for Future) teilnehmen
  ▪ in die Sprechstunde des Bürgermeisters gehen
  ▪ sich im Kinder- und Jugendparlament engagieren
  ▪ an einer öffentlichen Gemeinderatssitzung teilnehmen

6 Bilde aus den vorgegebenen Wörtern sinnvolle Sätze. Verwende dazu auch **M 4** auf der Seite 29.
  a) Kinder – Computerspiel – Altersbeschränkung
  b) Paragraph – Jugendliche – Zigarette
  c) unter 14 Jahre – Spielhalle – in Begleitung einer erziehungsberechtigten Person
  d) Alkohol – Jugendliche – Branntweinpralinen
  e) Kinobesuch – ab 14 Jahren – Uhrzeit

M 3 Teilnahme an einer Demonstration

KAPITEL 2

Vielfältige Lebensformen

In diesem Kapitel lernst du etwas über die Rollen einer Person und die Aufgaben des Zusammenlebens in Deutschland.

- Was sind Rollen?
- Welche Rollen sind mir besonders wichtig?
- Welche Rollen nehmen meine Familienmitglieder wahr?
- Was macht für mich ein gutes Vorbild aus?
- Wie kann ich Gruppenzwang und Mobbing verhindern?
- Wer hilft mir in schwierigen Situationen?
- Welche Lebensformen gibt es in Deutschland?
- Warum wird Berufswerbung für Jungen und für Mädchen gemacht?
- Wer sind Heldinnen und Helden des Alltags?
- Welche Herausforderungen gibt es im Zusammenleben von Menschen?

M1 Nur für andere da?

Ausgefüllte Tage

Viele von euch erkennen sich in dieser Schilderung vielleicht selbst ein wenig. In der Schule bist du aufmerksam im Unterricht und lernst, so gut es möglich ist. Nach der Schule fährst du nach Hause. Dort erwartet dich das Familienleben. Du hilfst im Haushalt und unterstützt beim Einkaufen. Deine Freizeit verbringst du in Sportvereinen oder an der frischen Luft mit Freunden. Der Tag wird oft mit der Erledigung von Hausaufgaben für die Schule beendet.

Rollen

Der Begriff „Rolle" ist dir vielleicht vom Kino, Fernsehen oder Theater bekannt. Die Schauspieler/-innen füllen dort verschiedene Rollen aus. Immer versuchen sie dabei, ihre Rolle glaubwürdig zu verkörpern.

Als „soziale* Rolle" werden die Erwartungen bezeichnet, die Personen nach eigener Ansicht oder der Ansicht anderer zu erfüllen haben. Es kann zu sogenannten „Rollenkonflikten*" führen, wenn diese Ansichten nicht übereinstimmen.

M 2 Verschiedene Rollen

Deine Rollen

In der Schule, in der Familie und in deinem Freundeskreis übernimmst du verschiedene Rollen. In der Schule erwarten die Lehrkräfte beispielsweise eine aktive Teilnahme am Unterricht von dir. Du verhältst dich gegen- über deinen Lehrerinnen und Lehrern vermutlich anders als gegenüber deiner Familie. Bei deinen Freundinnen und Freunden verhältst du dich wiederum anders als gegenüber deinen Eltern.

1 Berichte über einen typischen Tag aus deinem Alltagsleben. Was machst du in der Zeit zwischen dem Aufstehen und dem Moment, wenn du ins Bett gehst?

2 Gib die Begriffe „Rolle" und „soziale Rolle" mit deinen Worten wieder.

3 Erläutere verschiedene Rollen, die du im Laufe eines Tages ausfüllst. Nutze dafür auch **M 2**.

Starthilfe In der Schule mache ich… Wenn ich zu Hause bin, dann… Ich fühle mich in meiner Familie… Das Besondere an meinem Hobby ist…

4 Nenne drei weitere Rollen, die Kinder oder Erwachsene übernehmen.

5 Beschreibe die Zeichnung **M 1**. Welchen Zusammenhang erkennst du mit dem Stichwort „soziale Rolle"?

*Starthilfe In der Zeichnung **M 1** ist… dargestellt… Im Mittelpunkt der Zeichnung befindet sich… Um die zentrale Figur in der Zeichnung **M 1** stehen…*

6 Arbeitet in Gruppen. Denkt euch zuerst einen Rollenkonflikt aus. Überlegt euch anschließend, wie der Rollenkonflikt abgemildert oder gelöst werden könnte.

Sprachspeicher
eine Rolle erfüllen…
eine Rolle wahrneh-
men…
eine Rolle ausfüllen…
eine Rolle überneh-
men…
eine Rolle spielen…
eine Rolle darstellen…

M1 Überzeugend einen eigenen Standpunkt vertreten – darauf kommt es an.

Mein eigener Standpunkt

Jeder Mensch hat ein Recht auf eine eigene Meinung und freie Meinungsäußerung. Da es viele unterschiedliche Meinungen gibt, kann dies zu lebhaften Diskussionen führen. Die Meinung, die du vertrittst, wird auch „dein Standpunkt" genannt. Den eigenen Standpunkt solltest du nachvollziehbar formulieren. So kannst du deine Meinung gegenüber anderen verdeutlichen und begründen. Dann besteht eine Chance, dass deine Meinung von anderen verstanden wird. Vielleicht überzeugt deine Meinung sogar eine andere Person.

1. Schritt: Ziele benennen

Welche Meinung vertrete ich? Welches Ziel möchte ich erreichen? Eine klare Meinungsäußerung könnte sein: „Ich finde, dass die Schule digitaler werden sollte."

2. Schritt: Sich vorbereiten

Argumente sollten gut durchdacht und schlüssig sein. Daher überlegst du dir passende Argumente, die deinen Standpunkt untermauern. Zunächst musst du dafür Informationen sammeln. Diese Informationen findest du in Büchern oder im Internet. Ein Beispiel für ein Argument könnte sein: „Die Schule sollte digitaler werden, weil der Unterricht dadurch abwechslungsreicher wird."

METHODE

3. Schritt: Kurz und deutlich

Kurze Sätze helfen dir, deinen Standpunkt wirksam zu vertreten. Vermeide unnötige Fremdwörter.
Suche nach verschiedenen Argumenten, die deinen Standpunkt erklären.

Konzentriere dich auf drei bis vier Argumente und stelle das stärkste Argument an das Ende. Dieses Argument bleibt nämlich besonders gut im Gedächtnis.

4. Schritt: Andere Meinungen zulassen

Lasse deine Zuhörer ausreden und nimm andere Meinungen zur Kenntnis. Dein wohlwollendes Verständnis für die Zuhörer kann auch dabei helfen, dass deine Argumente von ihnen akzeptiert werden.

5. Schritt: Finde ein gutes Ende

Formuliere zum Schluss eine kurze Zusammenfassung. Vermeide dabei, deine zuvor genannten Argumente noch einmal in derselben Art und Weise vorzutragen. Richte eine klare Botschaft an deine Zuhörer. Beispiel:

„Es ist nun wirklich an der Zeit, digitale Medien in die Schule aufzunehmen. Schüler und Lehrer können damit noch besser arbeiten. Digitalen Medien gehört die Zukunft."

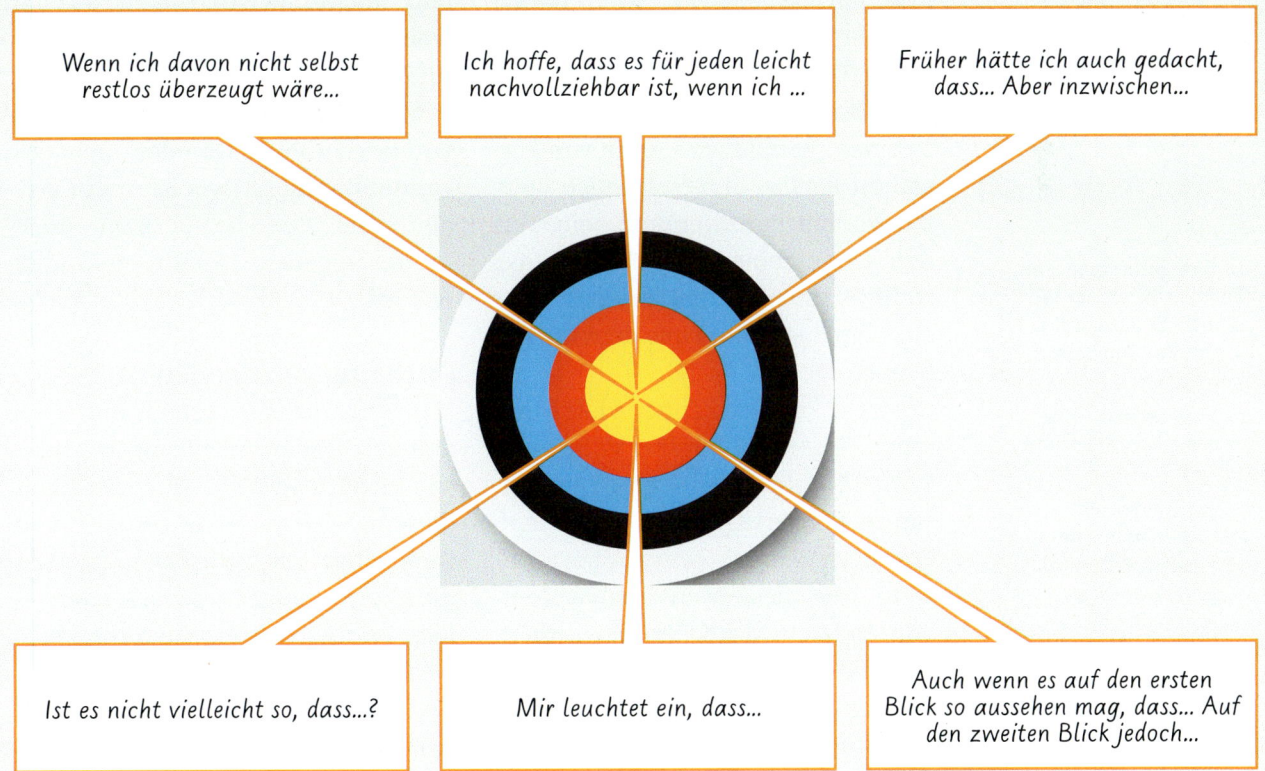

Wenn ich davon nicht selbst restlos überzeugt wäre...

Ich hoffe, dass es für jeden leicht nachvollziehbar ist, wenn ich ...

Früher hätte ich auch gedacht, dass... Aber inzwischen...

Ist es nicht vielleicht so, dass...?

Mir leuchtet ein, dass...

Auch wenn es auf den ersten Blick so aussehen mag, dass... Auf den zweiten Blick jedoch...

M2 Einige Formulierungshilfen

Sind mir Vorbilder wichtig?

M 1 Wenn ich groß bin,...

Vorbilder

Viele Menschen begleiten uns auf unserem Lebensweg und haben manchmal auch Einfluss auf unser Leben. Einige dieser Menschen werden für uns sogar zu Vorbildern. Wer zu einem Vorbild wird, kann von Person zu Person unterschiedlich sein. Ein Vorbild kann jemand sein, mit dem ich in keinem engeren Kontakt stehe – zum Beispiel ein Superstar aus dem Sport- oder aus dem Musikbereich.

Cristiano Ronaldo kennen viele Menschen. Wenn ein Popstar wie Taylor Swift in Köln auftritt, steht die gesamte Konzerthalle auf dem Kopf. Fast jeder Mensch kennt Albert Einstein. Alle diese Menschen werden von anderen Menschen bewundert. Sie sind Vorbilder für verschiedene Altersgruppen. Doch warum wählen sich Menschen ein bestimmtes Vorbild aus?

Wer mein Vorbild ist, hängt von mir und meiner Persönlichkeit ab. Ich weiß, was ich an meinem Vorbild gut finde oder sogar bewundere. Dabei kommt es nicht darauf an, ob mein Vorbild berühmt ist oder nicht. Es kommt darauf an, wie ich mein Vorbild sehe. Ein Vorbild kann auch in der eigenen Familie gefunden werden.

Ablösung von den Eltern

Mit zunehmendem Lebensalter werden aus Kindern nicht nur Jugendliche und Erwachsene. Sie lockern auf diesem Wege auch das Verhältnis zu ihren Eltern. Das bedeutet nicht, dass die Eltern weniger geschätzt oder geliebt würden. Die eigene Altersgruppe jedoch tritt in den Vordergrund und hilft bei der Vorbereitung auf einen selbst gewählten und gestalteten Lebensweg.

*Lexikon

die **Bloggerin:** eine Frau, die im Internet ein Tagebuch führt, das sich andere Personen ansehen können

die **Vegetarierin:** eine Frau, die kein Fleisch isst

der **Ko-Trainer:** ein zusätzlicher Helfer, der einen Trainer unterstützt

die **E-Jugend:** Fußballspielerinnen und Fußballspieler im Alter zwischen acht und zehn Jahren

M 2 Fallbeispiel 1

Raluca legt großen Wert auf sich und ihre Gesundheit. Sie hat sich mit dem Thema „gesunde Ernährung" beschäftigt und beschlossen, in Zukunft kein Fleisch mehr zu essen. Im Internet verfolgt sie eine Bloggerin* mit dem Namen „Lisa". Sie berichtet regelmäßig über ihr Leben als Vegetarierin*. Raluca besucht Lisas Seite jeden Tag. Dort werden auch in jeder Woche mehrere Rezepte hochgeladen, die Raluca zum Kochen nutzt.

M 3 Fallbeispiel 2

Konstantin ist Mitglied in einem Fußballverein. In der Mannschaft, die vor seiner Gruppe trainiert, ist Timon aktiv. Er ist zwei Jahre älter. Konstantin findet Timon toll: Mit seinen nur 16 Jahren ist Timon bereits Ko-Trainer* bei der E-Jugend*. Wann immer ein Fußballtraining stattfindet, kommt Konstantin etwas früher zum Platz, um Timon zuzusehen.

1 Fasse kurz mündlich zusammen, was unter „Vorbildern" verstanden wird.

2 Berichte über Personen, die du vorbildlich findest und die dein Leben beeinflussen. *Starthilfe An meinem Vorbild finde ich gut, dass... XY ist mein Vorbild, weil... Vorbildlich an XY ist für mich, dass...*

3 Erkläre, warum sich Jugendliche eher an ihrer Altersgruppe als an ihren Eltern orientieren.

4 Überlege dir zu den beiden Fallbeispielen **M 2** und **M 3**, warum die jeweils beschriebene Person ein Vorbild ist. Präsentiere deine Gedanken vor der Klasse.

5 Wäre es eine gute Idee, wenn Konstantin sein Vorbild Timon darüber in Kenntnis setzt, dass er ihn gut findet? Gib deine Antwort mit Begründung.
Starthilfe Konstantin sollte besser nicht... Wenn Konstantin sagt, dass er Timon gut findet,... Ich fände es eine gute Idee, Konstantin wissen zu lassen,...

6 Diskutiert miteinander, ob ihr es eher gut oder eher schlecht findet, ein Vorbild zu haben. Begründet eure Standpunkte. *Starthilfe Ich finde es eher gut/eher schlecht, ein Vorbild zu haben, da... Meiner Meinung nach ist ein Vorbild... Nach meiner Ansicht kann ein Vorbild dazu führen,...*

7 Würdest du selbst gern ein Vorbild sein? Wie könntest du es erreichen? Wäre es auch in gewisser Weise belastend?

8 Bewerte, welche Folgen es haben könnte, wenn ein Vorbild einen großen Fehler macht.

Sprachspeicher
ein Vorbild abgeben...
ein gutes Vorbild sein...
mit gutem Vorbild vorangehen...
sich vorbildlich verhalten...
Vorbildfunktion haben...

M1 Mobbing in der Schule

Ein ungutes Gefühl

Es ist Sonntagabend. Alex liegt mit einem mulmigen Gefühl in seinem Bett. Er hat Angst einzuschlafen, weil er weiß, dass er am nächsten Morgen wieder zur Schule gehen muss. Die Schule ist für ihn schon seit einiger Zeit kein schöner Ort mehr. In seiner Klasse gibt es einen Mitschüler, der sich jeden Tag eine neue Gemeinheit für ihn ausdenkt. Selbst am Wochenende hat er gemeine Lügen über ihn im Klassenchat verbreitet. Keiner unternimmt etwas dagegen und Alex weiß einfach nicht mehr weiter. Am liebsten würde er nie wieder in die Schule gehen.

Mobbing

Alex ist in seiner Situation nicht allein. Viele Schüler leiden unter Mobbing. Als „Mobbing" wird bezeichnet, wenn eine Person von einer anderen Person wiederholt und über einen längeren Zeitraum schlecht behandelt wird. Befragungen ergaben, dass jeder dritte Schüler Opfer von Mobbing geworden ist. Häufig gibt es gar keinen erkennbaren Grund dafür, wieso jemand gemobbt wird.

Arten von Mobbing

Wenn der Täter seine Kraft einsetzt, um dem Opfer mit Schlägen und Tritten wehzutun, nennt sich das „physisches Mobbing". Beleidigt der Täter das Opfer oder wertet er es ab, dann nennt sich das „verbales Mobbing". Häufig werden Opfer bei Aktivitäten in der Schule bewusst ausgeschlossen. Sie dürfen zum Beispiel in der Pause nicht beim Fußball mitspielen. Diese Art von Mobbing nennt sich „soziales Mobbing". Die häufigste Form des Mobbings heute ist das Cyber-Mobbing. Darüber lernst du noch mehr im nächsten Kapitel.

Hilfe suchen

Die Opfer selbst finden oft keinen Ausweg aus ihrer schlimmen Situation und sind deshalb auf Hilfe angewiesen. Sie brauchen eine Vertrauensperson, die dafür sorgt, dass das Mobbing beendet wird. Es ist wichtig klarzustellen, dass Mobbing nicht geduldet werden kann. Eine besonders wirkungsvolle Maßnahme ist es, wenn Mobbing in einer Klasse gar nicht erst entstehen kann. Dieses Ziel kann nur erreicht werden, wenn die ganze Klasse zusammen daran arbeitet.

Gruppenzwang

Bei Entscheidungen richten wir uns häufig nach dem, was wir für den Standpunkt der Mehrheit halten. Häufig passiert das ganz unterbewusst und führt manchmal dazu, dass wir Entscheidungen treffen, die für uns falsch oder sogar gefährlich sind, nur um dazuzugehören. Das wird als „Gruppenzwang" bezeichnet.

Ursachen des Gruppenzwangs

Warum folgen Menschen in einer Gruppe der Meinung der Mehrheit, obwohl sie nachweislich falsch ist?

Es kann sein, dass dem Urteil der Gruppe deswegen vertraut wird, weil man es selbst nicht besser weiß. Ein anderer Grund dafür, die Meinung der Gruppe anzunehmen, ist, dass man sich wünscht, von der Gruppe anerkannt zu werden. Jeder Mensch hat das Bedürfnis, von seinen Mitmenschen gemocht zu werden. Wenn man in einem Gespräch anderer Meinung ist, haben manche Menschen Angst, dass die Gruppe einen deswegen ausschließt.

Gegenmaßnahmen

Wenn man in einer Gruppe dazugehören möchte, ist es nicht immer einfach, dem Gruppenzwang zu widerstehen. Wenn ihr euch in einer solchen Situation befindet, kann es euch helfen, wenn ihr euch Verbündete sucht. Wenn ihr nur eine Person findet, die auch eurer Meinung ist, dann kann es euch helfen, auch in der Gruppe zu eurer Meinung zu stehen. Außerdem heißt es nicht immer automatisch, dass ihr von der Gruppe zurückgewiesen werdet, wenn ihr eure Meinung sagt. Häufig ist das, was man sich im Kopf ausmalt, viel schlimmer als das, was tatsächlich passiert.

M 2 Gegen den Strom schwimmen

1 Beschreibe, wie sich das Opfer in **M 1** fühlt und welche Unterstützung du dir in dieser Situation wünschen würdest. *Starthilfe Das Opfer auf dem Foto* **M 1** *fühlt sich... Wenn ich in dieser Situation wäre, würde ich mir wünschen, dass...*

2 Nenne die Arten des Mobbings und wie sie unterschieden werden. *Starthilfe Der Text behandelt folgende Arten von Mobbing... Sie unterscheiden sich...*

3 Entwickelt Klassenregeln, die dabei helfen können, dass Mobbing in eurer Klasse nicht entsteht. *Starthilfe Damit Mobbing in unserer Klasse nicht entsteht, sind folgende Regeln notwendig: ...*

4 Beschreibe **M 2** und vermute, warum der blaue Fisch nicht in dieselbe Richtung wie die gelben Fische schwimmt. *Starthilfe In* **M 2** *wird ein Schwarm Fische dargestellt. Es fällt auf, dass...*

5 Erkläre den Begriff „Gruppenzwang".

6 Warst du auch schon einmal in einer Situation, in der du deine Meinung in einer Gruppe nicht frei geäußert hast? Berichte darüber. *Starthilfe Ich war schon einmal in einer Situation, in der ich meine Meinung nicht frei äußern konnte. Der Grund dafür war...*

7 In welcher Gruppe kannst du deine Meinung frei äußern? Erläutere, wie eine Gruppe deiner Meinung nach sein muss, damit sie frei von Gruppenzwang ist. *Starthilfe Eine Gruppe, in der ich meine Meinung frei äußern kann, muss...*

Sprachspeicher
eine Rolle erfüllen...
eine Rolle wahrnehmen...
eine Rolle ausfüllen...
eine Rolle übernehmen...
eine Rolle spielen...
eine Rolle darstellen...

M1 Streitschlichtung

Streng vertraulich

Eine Streitschlichterin oder ein Streitschlichter vermittelt zwischen Personen. Wichtig ist, dass die Streitschlichterin oder der Streitschlichter nie Partei für eine Person ergreift.

Außerdem darf nichts über eine Streitschlichtung „nach außen dringen". Alles muss streng vertraulich bleiben. Eine Streitschlichtung lässt sich in fünf Schritte aufteilen.

1. Schritt: Gesprächsregeln erklären

Zu Beginn einer Streitschlichtung erklärt die Streitschlichterin oder der Streitschlichter die Regeln. Die Streitenden dürfen einander nicht beleidigen und müssen den anderen ausreden lassen.

2. Schritt: Streitsituation darstellen

Jeder Streitende darf ausführlich seine Sichtweise darstellen. Die Streitschlichterin oder der Streitschlichter darf hierbei Nachfragen stellen. Es kann zum Beispiel gefragt werden, wo die Streitenden den Grund des Streits sehen oder was sie besonders ärgert.

3. Schritt: Standpunkte wechseln

Die Streitschlichterin oder der Streitschlichter fordert die Streitenden auf, den Standpunkt des jeweils anderen einzunehmen. Nur, wenn es den Streitenden gelingt, sich in den Standpunkt des anderen hineinzuversetzen, können sie die Sicht des anderen verstehen. Das Verständnis für den anderen ist wichtig für eine gute Lösung des Problems.

METHODE

4. Schritt: Vorschläge zur Streitlösung erarbeiten

Die Streitenden überlegen sich Vorschläge zur Streitlösung. Die Streitschlichterin oder der Streitschlichter hält sich bei diesem Schritt soweit wie möglich zurück.

5. Schritt: Streitlösung unterschreiben

Eine erfolgreiche Streitschlichtung endet damit, dass sich die Streitenden wieder vertragen. Hierfür reichen sie sich als Zeichen der Versöhnung die Hand und unterschreiben eine schriftliche Vereinbarung, in der die Vorschläge zur Streitlösung festgehalten sind. Falls nötig kann auch ein Termin zur Nachbesprechung festgelegt werden.

Vereinbarung zur Streitschlichtung

Zwischen

_____ und _____

wurde am: __. __. ____ eine Vereinbarung geschlossen.

Vereinbarung (hier Vorschläge zur Streitlösung eintragen):

- _____

- _____

- _____

- _____

Unterschrift 1: _____

Unterschrift 2: _____

Streitschlichter/-in: _____

Termin zur Nachbesprechung: __. __. ____

⚠ Bitte nicht ins Buch schreiben!

M2 Schriftliche Vereinbarung – ein Beispiel

M1 Steffi mit ihren Schulfreundinnen

Steffi in Not

Es war Freitag in der letzten Schulstunde. Um Steffi herum konnten alle kaum erwarten, dass es endlich klingelt und das Wochenende beginnt. Als die Schulglocke ertönte, sprangen alle auf, packten ihre Sachen ein und liefen glücklich los. Nur Steffi nicht. Sie blieb noch etwas länger sitzen, ließ sich besonders viel Zeit beim Einpacken und schlurfte langsam hinter allen anderen her.

Steffi freute sich nicht auf das Wochenende, denn sie hatte Angst, nach Hause zu gehen. Am Freitag bekamen sie in der Klasse die Mathearbeit zurück. Es war schon wieder eine Fünf. Erst eine Woche zuvor hatte sie in Deutsch und Englisch auch eine Fünf zurückbekommen.

Als Steffi ihren Eltern zu Hause davon berichtete, reagierten sie ermahnend. Ihre Mutter sagte immer wieder, wie enttäuscht sie von ihr wäre. Ihr Vater murmelte, dass sie sowieso sitzen bleiben würde. Wenn sie nicht wenigstens in Mathe eine gute Note schreiben würde, dann dürfte sie sich bis zu den Sommerferien nicht mehr mit ihren Schulfreundinnen treffen.

Montag nach der Schule

Steffi wird es zu viel. Sie setzt sich am Montag nach Unterrichtsschluss an die Schulmauer. Nach Hause zu gehen, fällt ihr immer schwerer. Sie weint aus lauter Kummer. Selbstverständlich weiß sie, dass sie mehr hätte lernen sollen. Aber sie ist ja auch Kapitänin ihrer Fußballmannschaft und trainiert hart dafür, dass ihr Team endlich aufsteigt. Ihre Mutter verlangt von ihr, dass sie zum Ballettunterricht geht, obwohl Steffi das eigentlich gar nicht gefällt. Die Zeit, die dann noch übrig bleibt, verbringt sie immer mit ihren Schulfreundinnen, weil sie Sorge hat, sonst nicht mehr dazuzugehören. Für das Lernen und Üben blieb deshalb einfach keine Zeit mehr.

Rat der Schulfreundinnen

Steffi sitzt noch einen Moment an der Schulmauer, als ihre Schulfreundinnen vorbeikommen. Sie haben Steffi schon gesucht, weil sie sonst immer gemeinsam nach Hause gehen. Sie fragen, was los ist. Steffi schildert ihnen alles und sagt, dass sie nicht weiß, wie es weitergehen soll.

Die Schulfreundinnen versuchen, sie zu trösten, und raten ihr, sich Hilfe zu suchen. Barbara meint, dass Steffi mal mit ihrer Klassenlehrerin reden sollte. Steffi weiß aber nicht, ob sie sich das traut. Deswegen schlägt ihr Aishe vor, dass sie doch einfach mal beim Kinder- und Jugendtelefon anrufen soll.

Das Kinder- und Jugendtelefon

Wenn Kinder und Jugendliche in eine schwierige Lebenslage geraten, fühlen sie sich oft mit ihren Problemen allein gelassen. Um größere Probleme zu lösen, ist es aber oft notwendig, mit anderen darüber zu sprechen.

Erste Ansprechpartner können hierfür die eigene Familie oder Freunde sein. Hängen die Probleme vielleicht jedoch gerade mit diesen Personen zusammen, kann man sich auch jederzeit an seine Vertrauenslehrerin oder an die Klassenleitung wenden. Diese Personen können dabei helfen, ein Problem zu lösen oder Kontakt zu anderen Hilfseinrichtungen herzustellen.

Eine weitere Beratungsmöglichkeit bietet das Kinder- und Jugendtelefon. Unter der kostenlosen Telefonnummer 116111 können Kinder und Jugendliche über ihre Sorgen und Ängste sprechen. Bei der Beratung müssen sie ihren Namen nicht angeben und die Gespräche sind vertraulich.

M2 Training in Steffis Fußballverein

M3 Steffis Mutter bei Ballett-Übungsstunden

1 Nenne die verschiedenen Rollen von Steffi.
Starthilfe Steffi hat verschiedene Rollen. Sie ist ... ihrer Fußballmannschaft. Außerdem ist sie...

2 Beschreibe, welche Probleme mit Steffis verschiedenen Rollen verbunden sind.
Starthilfe Steffi spielt gerne Fußball. Ihre Mutter verlangt jedoch von ihr, dass sie...

3 Berichte über Möglichkeiten, die es für Kinder- und Jugendliche gibt, um sich Hilfe zu holen.
Starthilfe Kinder und Jugendliche können zuerst versuchen, sich bei ... Hilfe zu holen.

4 Entwickle einen Plan für Steffi, wie sie ihre Probleme zwischen Schule und Freizeit lösen könnte.
Starthilfe Zuerst könnte Steffi mit ... sprechen. Dann könnte sie sich überlegen, in Zukunft auf ... zu verzichten.

M1 Lebensformen

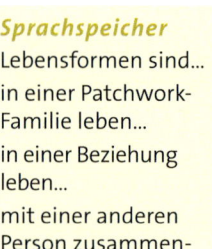

Sprachspeicher

Lebensformen sind...

in einer Patchwork-Familie leben...

in einer Beziehung leben...

mit einer anderen Person zusammen-leben...

eine Gemeinschaft bilden...

★Lexikon

traditionell: wenn etwas immer wiederholt wird, über längere Zeiträume zu beobachten ist und die Menschen es so möchten

das **Patchwork:** ein Wort aus der englischen Sprache; es bedeutet, dass etwas aus vielen Teilen zusammengesetzt ist.

Lebensformen in Deutschland

In Deutschland gibt es viele Formen des Zusammenlebens. Die traditionelle★ Familie ist eine Lebensform, die aus Eltern und Kindern besteht. Der Vater geht arbeiten. Die Mutter ist zu Hause und kümmert sich um die Kinder und den Haushalt. Eine Familie mit Hausmann ist eine Familie, in der die Mutter arbeiten geht und der Vater alles zu Hause erledigt. Eine Person, die alleine lebt und keinen Partner hat, nennt man „Single". Es gibt Kinder, die mit nur einem Elternteil zusammenwohnen. Dieses Elternteil bezeichnet man als „Alleinerziehender" oder „Alleinerziehende". In einer Wohngemeinschaft leben Personen zusammen, die nicht verwandt sind und sich die Kosten der Wohnung teilen. Eine gleichgeschlechtliche Ehe kann aus zwei Männern oder aus zwei Frauen bestehen. Als „Patchwork*-Familie" wird eine Lebensform bezeichnet, in der ein Mann und eine Frau wieder heiraten und Kinder in die Ehe mitbringen. Ist ein Paar ohne Kinder und unverheiratet, nennt man es ein „kinderloses Paar".

M2 Lebensformen in Deutschland

M3 Menschen berichten über ihr Zusammenleben in Deutschland

1 Sarah, elf Jahre alt, lebt mit ihrem Vater allein.

2 Die Studenten Felix und Klaus teilen sich mit zwei weiteren Studentinnen eine Wohnung, um Geld zu sparen. Jeder hat ein eigenes Zimmer. Küche, Bad und Miete werden aufgeteilt.

3 Fatima und Frank sind ein Paar. Gemeinsam leben sie seit zwei Jahren zusammen. Kinder haben sie nicht, weil Fatima erst ihre Ausbildung beenden möchte.

4 Sofia ist zwölf Jahre alt und hat seit kurzer Zeit zwei Schwestern: Olga ist ein Jahr und Anastasia ist vier Jahre alt. Ihre Mutter Anna hat sich von Sofias Vater Alexander scheiden lassen. Igor hat sich von seiner Frau Maria scheiden lassen. Die beiden Töchter Olga und Anastasia leben bei ihrem Vater Igor. Anna und Igor werden in wenigen Tage heiraten. Darauf freut sich Sofia. Ihre neuen Schwestern hat sie schon jetzt sehr lieb, genauso wie ihren neuen Papa Igor.

5 Aleyna, acht Jahre alt, berichtet von ihrer Mama, die in einer Computerfirma arbeitet. Ihr Papa Melih ist zu Hause. Er kocht, putzt und hilft ihr bei den Hausaufgaben. Geschwister hat Aleyna nicht.

6 Henning Schmitz erzählt von seiner wunderbaren Hochzeit. Er und sein Mann Giovanni sind sehr glücklich.

7 Leopold wohnt seit vielen Jahren alleine. Er hat keine Partnerin.

8 Bärbel und Gerald sind verheiratet und haben zwei Kinder.

---

1 Lies **M3**. Ordne die Nummern 1 bis 8 den Fotos A bis H in **M1** mit Begründungen zu. *Starthilfe Die Nummer 1 passt zum Foto B, weil... Das Foto G gehört zur Nummer..., denn...*

2 Finde zu jeder Lebensform aus **M2** ein Beispiel aus **M3** und begründe es.

3 Erkläre die Begriffe aus **M2**. *Starthilfe Ein Single ist ein Mensch, der... Eine gleichgeschlechtliche Ehe ist...*

4 Es gibt noch weitere Lebensformen, als in **M2** dargestellt sind. Welche kennst du noch? Erkläre sie schriftlich.

M 1 Wenn ich einmal groß bin,...

Berufe

Eine Klasse feiert ein Kostümfest zum Thema „Berufe": Kim geht als Pilotin, Jan als Astronaut, Lela als Kinderärztin, Fatima als Tierärztin, Björn als Flugzeugmechaniker, Magdalena als Stewardess, Ahmad als Sänger, Simon als Bauarbeiter, Juan als Koch, Lars als Feuerwehrmann und Maria als Bademeisterin. Ihre Lehrerin fragt, was sie werden wollen, wenn sie einmal groß sind. Lars und Kim denken über Berufe nach.

Werbung

Mädchen spielen mit Puppen, ziehen ihnen pinke Kleider an und schminken sie. Jungen spielen mit Robotern, führen Kämpfe im Weltall und gewinnen sie. So gibt Werbung vor, was und womit Mädchen oder Jungen spielen sollen.

Berufswahl und Werbung

Es entsteht auch durch Werbung ein Bild, wie Mädchen und Jungen sein sollen. Jungen sollen sich mit Zahlen und Technik auskennen, Mädchen dürfen alles hübsch machen und sich um andere kümmern. Oft führt dieses Bild der Werbung zu Berufswünschen von Mädchen und Jungen. Mädchen möchten dann Erzieherin werden. Jungen wollen gern etwas mit Autos machen. Muss das so sein?

viel mit dem Körper arbeiten	Sport treiben, basteln, malen, reparieren, kochen, backen, mit Pflanzen arbeiten, singen, musizieren
viel mit dem Kopf arbeiten	Rechnen, Vorstellen von Räumen, andere Sprachen sprechen, viele Ideen haben, Probleme am PC selbst lösen
viel mit anderen Lebewesen arbeiten	Auf Menschen zugehen, in einer Gruppe arbeiten, Menschen helfen, Tiere pflegen

M 4 Drei Kompetenzschwerpunkte

Das geht doch auch

Mädchen können doch auch etwas mit Autos machen. Warum können Jungen nicht auch Erzieher werden? Klar, meinen viele. Deshalb gibt es Menschen, die „Männerberufe" für Mädchen und „Frauenberufe" für Jungen interessant machen möchten. Das hat Erfolg. Es gibt Mädchen, die einen Beruf wählen, der eigentlich „typisch Junge" ist. Aber auch Jungen wählen Berufe, die eigentlich „typisch Mädchen" sind. Doch wie findest du heraus, welcher Beruf zu dir passt?

M2 Typisch Junge?

Fähigkeiten

Für die Berufswahl sind die eigenen Fähigkeiten wichtig. Fähigkeiten werden auch als „Kompetenzen" bezeichnet. Wenn du deine Kompetenzen einschätzen möchtest, solltest du dir zuerst diese Frage stellen: Was mache ich gerne? Was kann ich gut? Um sich weiterzuentwickeln und abwechslungsreiche Aufgaben übernehmen zu können, solltest du deine Kompetenzen ständig erweitern.

M3 Typisch Mädchen?

1 Welchen Beruf möchtest du in Zukunft ausüben?

2 Stelle deinen Wunschberuf vor. Was passiert morgens, *mittags und abends in diesem Beruf?* *Starthilfe* *Morgens fährt eine Pilotin zum Flughafen... Mittags...*

3 Erstelle mithilfe von M4 eine Liste deiner Fähigkeiten. *Starthilfe* *Das kann ich gut:... Das mache ich gerne:...*

4 Liste je drei Dinge auf, die deiner Meinung nach „typisch Mädchen" und „typisch Junge" sind. *Starthilfe* *„Typisch Junge": Fußball spielen, ...*

5 Begründe, warum du den Beruf in Aufgabe 1 gewählt hast. *Starthilfe* *Ich möchte ...werden, weil mir besonders gut gefällt, zu...Besonders gut kann ich...*

Sprachspeicher
einen Beruf ergreifen...
einen Beruf ausüben...
in einem Beruf tätig sein...

Junge Menschen in Ausbildungsberufen

Alle hier vorgestellten Ausbildungsberufe können Mädchen und Jungen mit einem Hauptschulabschluss oder einem Realschulabschluss beginnen. Im März 2020 gab es in Deutschland einen Lockdown* aufgrund der Corona-Pandemie*. Erinnerst du dich? Die Menschen blieben in ihren Wohnungen. Menschen mit dem Virus* gingen in Quarantäne*. Freunde und Verwandte zu treffen, war verboten. Doch vieles musste ja trotzdem erledigt werden. Deshalb mussten manche Menschen an ihren Arbeitsplätzen erscheinen, trotz des Lockdowns. Diese Menschen waren 2020 und sind weiterhin unsere „Helden und Heldinnen" des Alltags.

M1 Eduard

Hallo, ich bin Eduard und 18 Jahre alt. Ich mache eine Ausbildung zum Altenpfleger. Dafür muss ich körperlich fit sein und gerne Zeit mit alten Menschen verbringen.

Als die meisten wegen Corona zu Hause bleiben mussten, habe ich im Pflegeheim gewohnt, um zu arbeiten.

M2 Jana

Guten Morgen, du siehst mich auf dem Foto mit meinem Ausbilder Herrn Yüksel. Mein Name ist Jana. Du wunderst dich vielleicht, dass ich diese Ausbildung mache? Okay, ich gebe zu, es riecht selten nach Parfüm... Doch während der Arbeit bin ich oft draußen. Meine Arbeit ist auch für die Umwelt sehr nützlich. Das gefällt mir. Außerdem weiß ich seit Beginn von Corona, dass mein zukünftiger Job wichtig für das Leben in unserer Stadt ist. Ich bin stolz darauf, Fachkraft für Kreislauf- und Abfallwirtschaft zu werden.

M3 Lilli

Hallo, ich bin Lilli und lerne das Schweißen. Die Ausbildung zur Elektroschweißerin gefällt mir sehr, denn ich verbinde Metallteile durch Erhitzen, die danach beispielsweise in Schiffe eingesetzt werden. Das finde ich total spannend.

M4 Hira

Hi, ich bin Hira. Ich bin im zweiten Ausbildungsjahr und möchte Fahrradmonteurin werden. Fahrräder zu reparieren und zu überprüfen, begeistert mich, genauso wie die neue Technik der E-Bikes. Vor allem dann, wenn hinterher alles funktioniert. In meiner Freizeit repariere ich die Fahrräder meiner Nachbarn. Die freuen sich dann sehr.

M 5 Tim

Guten Morgen, mein Name ist Tim. Ihr seht mich in meiner Berufskleidung, die ich bei der Behandlung unserer Patienten trage. Die Arbeit im Krankenhaus ist lebenswichtig, denn es geht ja um Menschen. Alle, die im Krankenhaus arbeiten, müssen immer volle Konzentration erbringen, gerade auch in Zeiten von Corona.

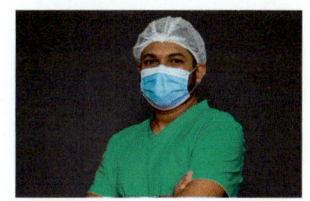

M 6 Mohammed

Hallo zusammen, ich bin Mohammed und im ersten Ausbildungsjahr für Erzieher. Die Arbeit mit Kindern ist etwas ganz Besonderes für mich. Nichts passiert zweimal! Basteln, Klettern, Spielen.... und wenn die Kids sich zanken, schlichte ich den Streit. Ich war ja Streitschlichter an meiner alten Schule. Als ich nach dem Lockdown meine Gruppe zum ersten Mal wiedersah, haben sich alle so gefreut, dass ich das nie vergessen werde.

M 7 Jan

Auch von mir einen guten Morgen. Ich heiße Jan und bin hinten im Bild zu sehen. Vorne ist meine Kollegin Aisha. Wir machen dieselbe Ausbildung. Aisha wird Verkäuferin und ich werde Verkäufer. Ihr seht uns vor der Ladenöffnung, während wir die Regale auffüllen. Als die Kunden kamen, trugen wir selbstverständlich Masken. Die Arbeit ist sehr abwechslungsreich. Als der Lockdown kam, haben unsere Kollegen und Kolleginnen alle gearbeitet.

> ***Lexikon**
>
> *der* **Lockdown:** eine Ausgangssperre in Zeiten einer Pandemie; es darf nur das Notwendigste draußen erledigt werden, z. B. Einkaufen.
>
> *die* **Corona-Pandemie:** Eine Pandemie ist eine weltweite Ausbreitung eines Krankheitserregers, der die Menschheit bedroht. In diesem Fall heißt der Krankheitserreger „Corona".
>
> *das* **Virus:** ein Krankheitserreger
>
> *die* **Quarantäne:** vom italienischen Wort „quarantena" = vierzig; ein zeitlich begrenzter Aufenthalt (früher: 40 Tage) an einem bestimmten Ort, um andere Menschen vor Ansteckungskrankheiten zu schützen

1. Fertige eine Tabelle mit zwei Spalten an. Schreibe in die erste Spalte die Ausbildungsberufe, die auf dieser Doppelseite genannt werden.
2. Schreibe in die zweite Spalte die wichtigste Fähigkeit für diesen Beruf. Die Fähigkeiten findest du auf den Seiten 48 und 49.
3. Erkläre mit deinen Worten, was unter „Heldinnen und Helden des Alltags" verstanden wird.
4. Welche der sieben vorgestellten Berufe (M 1 bis M 7) gehören zu den „Heldinnen und Helden des Alltags"? Begründe deine Antwort.
   Starthilfe Der Beruf der... ist sehr wichtig, weil.... Der Beruf des... ist nötig, denn...
5. In welchem der Berufe M 1 bis M 7 wärst du gern eine Heldin oder ein Held des Alltags? Aus welchen Gründen?

M 1 Sprechblasen

Sprachlos

Im Unterricht soll eine Klasse überlegen, ob sie ein Wort im Deutschen kennt, das in einer anderen Sprache eine ganz andere Bedeutung besitzt. Sofort meldet sich Lars und berichtet: „Meine Lieblingsnudeln sind Spaghetti mit Muscheln. In einem italienischen Restaurant bestellte ich sie. Daraufhin rief der Kellner zum Koch: „Spaghetti con le cozze". Oh nein, dachte ich. Laut sagte ich dem Ober, dass ich Spaghetti mit Kotze nicht mag. Er lachte, als er mir erklärte, dass cozze auf Italienisch Muscheln bedeutet."

Auch Fatima erzählt: „Meine Tante aus Izmir war bei uns zu Gast. Als sie gefragt wurde, womit wir ihr eine Freude machen könnten, sagte sie Armut. Wir waren verunsichert – eigentlich wollen doch alle reich sein, oder? Sie zeigte auf eine Birne im Obstkorb, denn das bedeutet das Wort auf Türkisch.

M 2 Muscheln und Birne

Sprachen der Welt

Es gibt rund hundert Sprachen in der Welt, die gesprochen, geschrieben und gelesen werden. Die häufigsten sind: Arabisch, Chinesisch, Deutsch, Englisch, Französisch, Japanisch, Malaiisch, Portugiesisch, Russisch, Spanisch und Swahili.

Menschen in Deutschland

In Deutschland leben ungefähr 82 Millionen Menschen. Einige von ihnen wurden in anderen Ländern geboren. Sie werden „Menschen mit Migrationshintergrund*" genannt. Auch ihre Kinder werden als „Menschen mit Migrationshintergrund" bezeichnet. Die größte Gruppe bilden ungefähr 2,9 Millionen Menschen mit türkischem Migrationshintergrund. Die zweitgrößte Gruppe zählt 2,4 Millionen Personen, die Russisch sprechen.

Unterrichtssprache in Deutschland

Im Schulalltag wird in den meisten Fächern Deutsch geschrieben, gesprochen und gelesen. Das kann Probleme mit sich bringen. In unserem Beispiel geht es um Anastasia. Sie kann in einer Unterrichtsstunde zum Thema: „Was sagst du? Ich verstehe nur „Bahnhof"! nicht folgen, weil sie die Wörter „Lieblingsnudeln", „Muscheln" und „grinsen" nicht versteht. Zu Hause spricht sie Russisch.

1 Betrachte **M 1**. Was steht in den Sprechblasen?

2 Wie viele Sprachen werden in eurer Klasse gesprochen? Sammelt diese Sprachen an der Tafel. Kann jemand einen Satz in seiner Sprache laut sagen?

3 Wer von euch war schon einmal in einem Land, dessen Sprache unbekannt war? Berichtet in der Klasse von euren Erfahrungen.

4 Erkläre die Sprachverwirrungen, die auf dieser Doppelseite dargestellt werden.

5 Kennt ihr noch weitere Beispiele für Sprachverwirrungen? Stellt sie euren Mitschülern vor.

6 Gib den Begriff „Menschen mit Migrationshintergrund" mit deinen Worten wieder.

7 **M 4**: Könnt ihr Anastasia bei ihrem Problem helfen? Oder habt ihr eigene Ideen zu einer ähnlichen Situation? Plant und führt ein Rollenspiel mit Lösung des Problems durch.

Die wichtigen Begriffe in **M 1** helfen dir dabei, die Aufgaben auf der Seite 55 unten zu lösen. Nutze möglichst viele dieser Begriffe aus dem Kapitel 2 „Vielfältige Lebensformen".

M 1 Wichtige Begriffe

- Rollen
- Vorbilder
- Gruppenzwang
- Mobbing
- Lebensform
- Kompetenzen
- Menschen mit Migrationshintergrund

M 2 Marc, ein Vorbild für dich?

Marc unterstützt in seiner Freizeit den Jugendtreff in seiner Stadt. Er hilft bei der Organisation von Konzerten und Ausflügen. An jedem Dienstagnachmittag fährt er in ein Tierheim und geht dort mit den Hunden spazieren. Außerdem ist er Trainer in einem Fußballverein. Dort trainiert er eine E-Jugend. Für seine Mühen bekommt Marc kein Geld. Er tut alles aus eigenem Willen, um anderen ihre Arbeit zu erleichtern und zu helfen.

gleichgeschlechtliche Ehe · Patchwork-Familie · Alleinerziehender · kinderloses Paar · traditionelle Familie · Single · Familie mit Hausmann · Wohngemeinschaft

M 3 Lebensformen in Deutschland

M 4 Mobbing in der Schule?

M 5 Berufe

1 Lies den Text zu **M 2** und erkläre, welche Rollen Marc einnimmt.

2 Begründe, ob Marc in **M 2** ein Vorbild für dich sein kann.

3 Erläutere die in **M 3** aufgelisteten Lebensformen anhand von Beispielen.

4 Beschreibe das Foto **M 4** und erkläre, welches Problem hier dargestellt werden könnte.

5 Wie kannst du das in **M 4** bestehende Problem lösen und wo kannst du dir Hilfe holen?

6 Finde Berufsbezeichnungen zu den sieben in **M 5** dargestellten Personen.

7 Nimm Stellung, welche Berufe in **M 5** typisch Mädchen oder typisch Junge sind. Begründe deine Stellungnahme.

8 Erläutere, welche Kompetenzschwerpunkte für die Berufe in **M 5** wichtig sind.

KAPITEL 3

Leben in der Medienwelt

In diesem Kapitel lernst du das Internet und den Umgang damit besser kennen:

- Welche Gefahren lauern im Internet?
- Warum ist vielen ihr Handy so wichtig?
- Wie kann ich überprüfen, welche Lügen im Internet verbreitet werden?
- Wie kann ich mithilfe moderner Techniken etwas präsentieren?

Fotos und Bilder

Videos

gesprochene Texte

geschriebene Texte

M1 Medien*

Was sind Medien?

Medien begleiten uns in unserem Alltag. Ob auf Papier oder auf einem Bildschirm, ob im Kinderzimmer oder im Wohnzimmer. Ob in der Freizeit oder in der Schule – Medien sind wichtig für unsere Gesellschaft.

Wenn du fernsiehst oder deine Lieblingsserie streamst*, ob du Radio hörst oder gedruckte Texte liest – immer verwendest du Medien. Mit Medien kannst du dich informieren, weiterbilden, Meinungen austauschen oder dir einfach die Zeit vertreiben. Zahlreiche Menschen nutzen Fernsehen, Radio, Internet und Zeitungen. Deshalb nennt man diese Medien auch „Massenmedien".

„Alte" und „neue" Medien

Häufig wird zwischen „alten" und „neuen" Medien unterschieden. Beide Arten von Medien ermöglichen es dir, dich über das aktuelle Geschehen in der Welt zu informieren. Bei alten Medien jedoch ist der Nutzer nur Empfänger von Informationen. Der Nachrichtenfluss bewegt sich nur in eine Richtung. Neue Medien hingegen ermöglichen es ihrem Nutzer auch, selbst Informationen zu verbreiten. Der Fluss der Informationen ist in mehrere Richtungen möglich.

Medien verändern sich

Zeitungen kannst du gedruckt oder online lesen. Im Internet kannst du

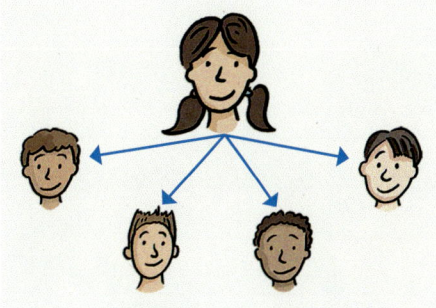 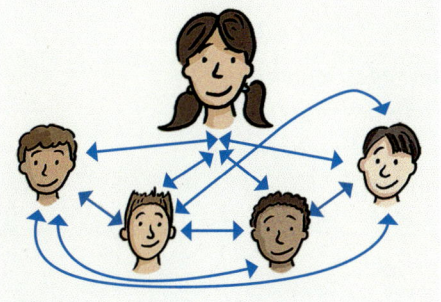

M2 „Alte" und „neue" Medien

Zeitungstexte mit anderen Menschen teilen und häufig auch einen Kommentar dazu schreiben. Bei einer gedruckten Zeitung kannst du jedoch nur einen sogenannten „Leserbrief" schreiben, um deine Meinung auch anderen Leserinnen und Lesern mitzuteilen. Ob dieser Leserbrief auch tatsächlich abgedruckt wird, ist nicht einmal sicher.

M3 Zeitungen lesen – gedruckt oder im Internet

1 Gib den Begriff „Medien" mit deinen Worten wieder.

2 Erkläre, in welcher Weise die Medien in M1 funktionieren. Wie werden Informationen übermittelt?

Starthilfe In M1 sind vier Formen der Informationsweitergabe dargestellt... M1 zeigt vier Möglichkeiten, wie... In M1 ist grafisch dargestellt, dass...

3 Erläutere den Unterschied zwischen „alten" und „neuen" Medien. Nutze hierfür auch M2 und M3.

4 Nimm Stellung, warum der Begriff „alte Medien" irreführend sein könnte.

Starthilfe Das Adjektiv „alt" könnte falsch verstanden werden, da... Wenn etwas „alt ist, bedeutet es üblicherweise... Im Begriff „alt" schwingt mit, dass... Das Wort „alt" kann zu dem Eindruck führen...

5 Diskutiert darüber, was ihr besser findet: Kommentare, die jeder ins Internet schreiben kann oder Leserbriefe in einer gedruckten Zeitung. Begründet eure Aussagen.

Starthilfe Ich finde es gut, dass... Mir scheint es ein großer Vorteil zu sein, wenn... Problematisch finde ich es, wenn... Im Vergleich zwischen Online-Kommentaren und Leserbriefen in gedruckten Zeitungen...

Sprachspeicher
Medien ermöglichen...
Mithilfe von Medien ist es möglich....
Medien tragen dazu bei, dass...
Medien können...
Medien dienen dazu, dass...
mithilfe von Medien...
Medien machen es möglich, dass...
Eine Funktion von Medien ist...

> Immer, wenn ich mit dir reden möchte, bist du mit deinem Handy beschäftigt. Daran muss etwas geändert werden, und zwar schon bald.

M 1 Situation zu Hause

Darum ist das Handy so verlockend

★Lexikon

die **App:** Abkürzung für das englische Wort „application" – das ist eine „Anwendung"; gemeint sind kleine technische Programmanwendungen

die **sozialen Medien:** technische Einrichtungen, die es den Nutzern ermöglichen, sich im Internet mit anderen Personen zu verbinden bzw. sich miteinander zu vernetzen

das **Like:** ein Wort aus der englischen Sprache, das so viel bedeutet wie „etwas mögen"

Sicherlich kennst du das: Du wolltest nur kurz deine Nachrichten checken. Schnell wird auf den Link aus dem Klassenchat geklickt. Das Katzenvideo ist auch wirklich lustig. Und plötzlich sind schon wieder mehrere Minuten vergangen. Die Hausaufgaben hast du immer noch nicht geschafft.

Aber warum ist das Handy eigentlich so verlockend? Insbesondere die Apps★ und sozialen Medien★ führen dazu, dass wir viel Zeit am Handy verbringen. Soziale Medien zeigen dir an, was auch dir gefallen könnte. Dadurch verbringst du ebenfalls viel Zeit am Handy.

Ein weiteres Problem sind die Likes★, Kommentare und Benachrichtigungen. Für unser Gehirn sind wohlmeinende Kommentare, Herzen und Daumen kleine Belohnungen. Je mehr Belohnungen das Gehirn aufnimmt, desto schwerer wird es, das Handy zur Seite zu legen. Aus diesem Grund sind manche Menschen sogar enttäuscht, wenn keine Benachrichtigungen angezeigt werden.

Mit kleinen Tricks kannst du etwas dagegen unternehmen. Wenn du beispielsweise deine Hausaufgaben machst, kannst du das Handy in ein anderes Zimmer legen oder die Benachrichtigungen ausschalten.

M 2 Das Handy in Gebrauch

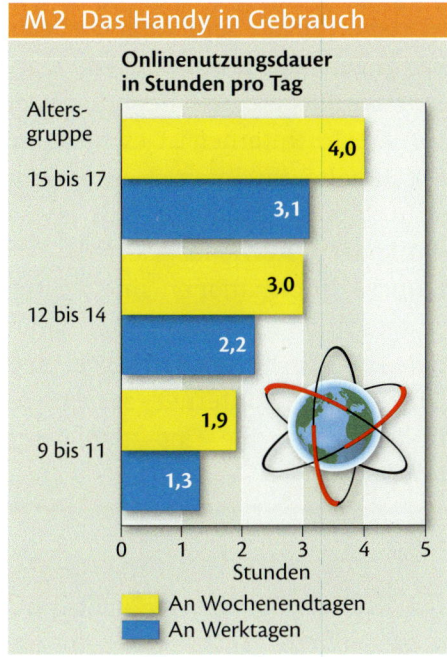

Onlinenutzungsdauer in Stunden pro Tag

Altersgruppe

15 bis 17: 4,0 (An Wochenendtagen), 3,1 (An Werktagen)

12 bis 14: 3,0 (An Wochenendtagen), 2,2 (An Werktagen)

9 bis 11: 1,9 (An Wochenendtagen), 1,3 (An Werktagen)

Stunden: 0 1 2 3 4 5

■ An Wochenendtagen
■ An Werktagen

M 3 FOMO

FOMO

Für die Angst, etwas am Handy zu verpassen, gibt es einen Fachbegriff. Er heißt „FOMO" und steht für die Anfangsbuchstaben der Wörter „fear of missing out". FOMO ist ein Gefühl, dessentwegen Kinder und Jugendliche meist mehr Zeit am Handy verbringen, als sie eigentlich möchten. Insbesondere soziale Medien lösen dieses Gefühl aus.

M 4 Ablenkungen und Hilfen

Das lenkt ab	Das hilft
• zu viele Nachrichten im Klassenchat	• sich im Klassenrat auf Regeln einigen
• zu viele Benachrichtigungen	• Benachrichtigungen ausschalten / Flugmodus beim Lernen …
• …	• …

Sprachspeicher
der Klassenchat…
die sozialen Medien…
die Likes…
der Kommentar…
die Kommentare…
das Gehirn…
die Belohnung…
der Zeitvertreib…
die Zeit, die ich mit etwas verbringe…

1 Beschreibe die Situation im Foto **M 1**.

2 Berichte von ähnlichen Erfahrungen wie im Foto **M 1** aus deinem Leben.

3 Erkläre, warum Kinder und Jugendliche viel Zeit am Handy verbringen.

4 Werte **M 2** aus. Gib mit deinen Worten die Onlinenutzungsdauern wieder.
Starthilfe Bei Kindern im Alter von neun bis elf Jahren…, Kinder zwischen zwölf und vierzehn Jahren…

5 Vergleiche die Zeitangaben in **M 2** mit deinem Verhalten.

6 Nimm Stellung zu **M 3**: Betrifft dich FOMO auch? Begründe deine Antwort.

7 Erweitert in Gruppenarbeit die Tabelle **M 4**: Was lenkt ab und was hilft?

M1 Eingabe von Suchbegriffen

Informationen im Internet

Das Internet ist wie eine riesige Bücherei mit vielen Stockwerken. Überall stehen Regale gefüllt mit Büchern, Zeitungen, Videos und Spielen.

In einer Bücherei ist alles ordentlich sortiert. Im Internet ist es nicht so. Die Inhalte im Internet verändern sich ständig. Immer kommt etwas dazu oder wird wieder gelöscht.

Manche Informationen sind richtig, andere sind falsch. Viele Informationen sind für Kinder nicht geeignet. Um dich im Internet zurechtzufinden, helfen die Tipps auf dieser Doppelseite.

1. Schritt: Die Suche starten

Suche dir am besten eine sogenannte „Suchmaschine" für Kinder aus. Diese Suchmaschinen führen in der Regel zu den besten Suchergebnissen für Kinder. Gib einen Suchbegriff oder mehrere Suchbegriffe in die Suchzeile ein. Starte die Suche.

2. Schritt: Erste Suchergebnisse auswählen

Sieh dir die ersten Suchergebnisse an. Enthalten sie schon auf den ersten Blick die erwünschten Informationen? Aktiviere die Links. Nicht immer findest du unter dem ersten Link die besten Treffer.

3. Schritt: Texte überfliegen

Wenn du interessante Links aktiviert hast, kannst du die Texte erst einmal überfliegen. Das bedeutet, dass du nicht jedes Wort lesen musst. Vielmehr tasten deine Augen den Text nur oberflächlich ab und reagieren auf Erfolg versprechende Begriffe. Hilfreich ist es auch, Zwischenüberschriften zu lesen und sich Bilder und Grafiken anzuschauen.

4. Schritt: Treffer eingrenzen

Die besten Treffer deiner ersten schnellen Suche werden genauer geprüft. Bei dieser zweiten Sichtung ergibt es sich oft, dass zunächst für gut befundene Treffer wieder aussortiert werden.

5. Schritt: Informationen prüfen

Um die Qualität der Informationen feststellen zu können, helfen dir Leitfragen. Diese Leitfragen werden nacheinander untersucht.

METHODE

M 2 Leitfragen

- Von wem stammen die Informationen?
- Ist die Informationsquelle glaubwürdig?
- Sind die Informationen aktuell genug – aus welchem Jahr?
- Werden Tatsachen oder nur Meinungen wiedergegeben?

M 3 Tipps für Profis

- kurze Begriffe eingeben
- Für Zitate „"-Zeichen nutzen („Ich bin ein Berliner")
- Jahreszahlen nutzen, um Suche einzugrenzen (Fußball WM 2006)
- Begriffe „addieren", um Suche einzugrenzen (z.B. Buchdruck + Gutenberg)
- Ergebnisse als Lesezeichen speichern, um später weiterarbeiten zu können.

M 4 Beispiel einer Internetsuche

Julia hat sich im Unterricht für das Thema „Was sind Influencer?" gemeldet. Damit sie für ihre Präsentation genügend Informationen findet, macht sie sich im Internet auf die Suche.

1. Schritt: Die Suche starten
- Julia entscheidet sich für „fragfinn.de" und gibt in die Suchfunktion den Begriff „Influencer" ein.
- Sie erhält zehn Seiten mit unterschiedlichen Vorschlägen zu Webseiten. Sie kann sich auch Bilder zu diesem Begriff anzeigen lassen.

2. Schritt: Erste Suchergebnisse auswählen
- Da Julia ihrer Klasse erklären möchte, was ein Influencer ist, wählt sie den Vorschlag zum Lexikon von HanisauLand aus. Sie weiß, dass ein Lexikon hilfreich für Begriffe ist und findet diesen Vorschlag gut.
- Der Vorschlag „Was ist eigentlich ein Influencer?" interessiert sie auch. Da die Seite „kindersache.de" schon öfter von Lehrern empfohlen wurde, vertraut sie diesem Ergebnis.

3. Schritt: Texte überfliegen
- Julia prüft bei beiden Ergebnissen die Zwischenüberschriften. Auf beiden Seiten geht es um „Persönlichkeiten", „Werbung", „Follower" und „Vorbildfunktion". Das klingt für ihr Thema passend.

4. Schritt: Treffer eingrenzen
- Sie liest die Texte aufmerksam und schreibt sich alle Informationen heraus, die sie zur Beantwortung ihrer Frage für den Unterricht benötigt.

5. Schritt: Informationen prüfen
- Sie kann feststellen, dass die Internetseite von einem deutschen Kinderhilfswerk betrieben wird. Die Personen, die für diese Internetseite verantwortlich sind, kann Julia mit Namen und Fotos finden. Das bedeutet, dass sie diesen Informationen vertrauen kann.
- Die Informationen der beiden Kindersuchmaschinen stimmen auch überein.

M 1 Neues aus dem Internet

Anfällig für Sensationelles

Es ist wie eine goldene Regel für alle Verfasserinnen von Nachrichten: „Hund beißt Mann" ist weniger gut unter die Menschen zu bringen als „Mann beißt Hund". Irgendwie steckt es in jedem von uns, dass etwas Außergewöhnliches oder Sensationelles★ mehr Anziehungskraft auf uns ausübt als etwas Alltägliches.

Fake News

Nicht alles ist wahr, was im Internet zu lesen ist. Falsche oder gefälschte Nachrichten werden auch als „Fake News" bezeichnet. Fake News vermitteln auf den ersten Blick den Eindruck, dass es sich um wahre Informationen handelt. Fake News sind harmlos, wenn sie witzig sind. Manche Menschen wollen jedoch andere Menschen mithilfe von gezielt platzierten Fake News verunsichern oder sogar zu etwas verleiten. Dann kann es gefährlich werden.

Fake News aufdecken

Es ist kein gutes Gefühl, wenn man jemandem „auf den Leim gegangen" ist. Das bedeutet, dass eine Lüge nicht erkannt wurde. Vielleicht wurde die Lüge sogar an andere als Wahrheit weitergegeben. Solche Scherze werden üblicherweise am 1. April gemacht – und bestenfalls aufgedeckt. Um sich selbst vor gefährlichen Fake News zu schützen, können Leitfragen hilfreich sein.

M2 Die magnetische Wirkung von Sensationellem

M3 Leitfragen zur Überprüfung von Nachrichten			
WER?	**WAS?**	**WIE?**	**WANN?**
Wer hat die Information geschrieben oder ins Internet gestellt? Wer ist Betreiber einer Internetseite? Dazu erhältst du Informationen aus dem sogenannten „Impressum" - zumeist unten auf der Internetseite (Link öffnen).	Was wird zur Kenntnis gegeben? Ist es glaubwürdig? Kann es stimmen? Handelt es sich um Tatsachen, die nachprüfbar sind? Oder wird hier nur eine Meinung wiedergegeben? Lassen sich die Informationen auch an vielen anderen Stellen im Internet finden?	Wie ist die Information geschrieben? Wird der Eindruck vermittelt, dass die Information keine leichtfertige Behauptung oder gar Lüge ist? Könnte hinter der Information ein Interesse der Verfasserin oder des Verfassers stecken? Wenn ja, welches?	Wann wurde die Information geschrieben oder veröffentlicht? Ist sie noch aktuell oder schon uralt und von jemandem als Lüge erkannt worden?

1 Fasse in wenigen Worten zusammen, warum uns Sensationelles interessiert. Nutze dazu auch **M2**.
Starthilfe Sensationelles erregt unsere Aufmerksamkeit… Von etwas Sensationellem werden wir wie magnetisch angezogen… Sensationen verbreiten sich im Internet deshalb so sehr, weil…

2 Erkläre den Begriff „Fake News". Wann sind Fake News harmlos, wann sind sie gefährlich?

3 Betrachte **M1**. Ist diese Neuigkeit aus dem Internet wahr oder falsch? Begründe deine Antwort.

4 Teilt euch in Gruppen auf. Untersucht mithilfe von **M3** Informationen aus dem Internet. Wie geht ihr vor? Präsentiert eure Ergebnisse vor der Klasse.

> **Sprachspeicher:**
> ein Fake…
> Fake News führen dazu, dass…
> die Fehlinformation…
> Falschmeldungen sind…
> Der Wahrheitsgehalt ist…
> Es muss bezweifelt werden, dass…
> Es ist in Zweifel zu ziehen…

Lebst du in einer Blase?

Leben in einer Blase

Vielleicht hast du schon einmal die Redewendung gehört, dass „jemand in einer Blase lebt". Das bedeutet, dass eine Person nichts von dem mitbekommt, was um sie herum geschieht. Etwas Ähnliches gibt es auch im Internet. Wenn wir uns im Internet bewegen, werden Daten unseres Computers weitergegeben. Es wird gespeichert, was du gerne liest, hörst oder dir ansiehst.

Auch Informationen über Standorte und wie lange du dich an einem Ort aufgehalten hast, können gespeichert werden. Wenn du später wieder online bist, werden dir daher für dich passende Informationen auf dem Computerbildschirm angezeigt. Es wird das für dich Passende immer wiederholt und ergänzt. Diese technischen Einrichtungen werden als „Cookies" bezeichnet.

Bei einem Internetseitenbesuch wirst du üblicherweise gefragt, ob du der Verwendung von Cookies zustimmst oder nicht.

M 1 Ein Fallbeispiel

Yeliz berichtet Anna von einer „total coolen" Seite im Internet mit vielen Informationen über ihren Lieblingsmusiker. „Gib einfach seinen Namen ein und klicke auf den vierten Link". Anna ist enttäuscht, weil sie alles so gemacht hat, wie Yeliz es ihr sagte. Aber sie findet nur einen langweiligen Artikel. „Merkwürdig", sagt Yeliz, „bei mir führt der vierte Link zu einem ganz anderen Ergebnis". Anna ist aber auch überrascht. Denn ihr wird beim vierten Link eine tolle Werbung mit Kleidung ihrer Lieblingsmarke angezeigt. „Danach zu stöbern, ist auch ein toller Zeitvertreib", kommentiert sie.

Probleme bei der Meinungsbildung

Eine Blase kann sich auch auf die Meinungsbildung auswirken. Stell dir vor, alle Menschen in deinem Umfeld berichten davon, dass Leitungswasser zu trinken total ungesund wäre. Würdest du nicht irgendwann auch denken, dass du vielleicht besser die Finger von Leitungswasser lassen solltest? Ähnliches passiert vor allem in sozialen Medien. Nutzer, die zum Beispiel auf Facebook unterwegs sind, bekommen häufig Kommentare und Posts von gleichgesinnten Menschen angezeigt. Das wird problematisch, wenn im Internet Hass und Hetze verbreitet werden. Da keine oder nur wenige andere Ansichten angezeigt werden, haben viele Nutzer sich schnell auf eine Meinung festgelegt.

M 2 Meine Stellungnahme zu Cookies

Ich finde gut an Cookies...	Ich habe noch keine klare Meinung zu Cookies bezüglich...	Ich finde schlecht an Cookies...

---

1 Drücke es mit deinen Worten aus, was gemeint ist, wenn von einem „Leben in einer Blase" gesprochen wird.
Starthilfe „Leben in einer Blase" bedeutet... Der Ausdruck „Leben in einer Blase" ist eine bildliche Darstellung, die... Wer in „einer Blase lebt",...

2 Erkläre den Begriff „Cookie".

3 Übertrage die Tabelle **M 2** auf ein Blatt Papier. Fülle die drei Spalten mit deiner Stellungnahme aus.

4 Erläutere das Fallbeispiel **M 1**.

5 Tauscht eure Eindrücke miteinander in der Klasse aus: Könnte es sein, dass ihr auch zeitweise in einer „Blase lebt"?

Sprachspeicher:
Ein Cookie führt dazu, dass...
Die Verwendung von Cookies bewirkt...
Wenn ich Cookies zustimme/ablehne...

M1 Achtung: Datenklau geplant

Unbegrenztes Internet

Im Internet kannst du in Sekundenschnelle Informationen finden, rund um die Uhr einkaufen und mit Menschen auf der ganzen Welt in Verbindung treten. Ein Großteil des Alltags verbringen viele Menschen online. Wie im „echten" Leben gibt es auch hier Gefahren und Risiken, die du kennen solltest.

Vorsicht vor Kriminellen

Da man im Internet fast unerkannt bleiben kann, ist es leicht, Straftaten zu begehen. Darum ist es ist wichtig, stets vorsichtig zu sein. Wenn euch eine Seite seltsam vorkommt, verlasst sie sofort. Auch wenn ihr nach persönlichen Daten oder Fotos gefragt werdet, solltet ihr wachsam sein. Möchte sich in einem Chat* jemand mit euch zu einem Treffen verabreden, informiert umgehend eure Eltern.

Schadsoftware

Mithilfe von technischen Tricks versuchen Betrüger, sich einen Zugriff auf deinen Computer oder deine mobilen* Geräte zu verschaffen. So können Passwörter* gesammelt, Nachrichten mitgelesen oder Geräte unbrauchbar gemacht werden. Häufig kommt dies vor, wenn man eine infizierte* Datei aus einem E-Mail-Anhang öffnet oder auf einen Link klickt, hinter dem sich Schadsoftware* verbirgt.

Um dich vor Schadsoftware zu schützen, solltest du nie Dateien von unbekannten Usern* öffnen oder auf Links klicken, die dir seltsam vorkommen.

Wir hinterlassen Spuren

Wenn wir uns im Internet bewegen, hinterlassen wir viele Spuren. Häufig stimmen wir diesem sogar freiwillig zu.

Um sich vor Gefahren im Internet zu schützen, solltest du sehr bewusst überlegen, was du im Internet preisgeben möchtest.

Überlege genau, ob der Betreiber einer Website deine Daten speichern darf. Sei auch vorsichtig mit Nachrichten und Fotos, die du ins Internet stellst. Was einmal im Umlauf ist, kann meist so leicht nicht wieder gelöscht werden.

Sprich auch mit deinen Eltern darüber, ob Kinderfotos von dir in sozialen Netzwerken geteilt werden dürfen. Achte bei den Sicherheitseinstellungen von sozialen Medien immer darauf, dass nur Freunde die Inhalte deines Profils sehen können.

Tipp: Offenes Lernen

Auf dieser Doppelseite und auf den nächsten beiden Doppelseiten findet ihr Informationen zum Thema „Gefahren im Internet". Teilt die Themen in der Klasse auf und bearbeitet die Aufgaben. Recherchiert zusätzliche Informationen im Internet. Stellt eure Ergebnisse mithilfe einer Präsentation vor. Nutzt dazu die Methodenseiten 62/63 und 76/77. Ihr könnt auch ein Erklärvideo erstellen (S. 74/75).

www.internet-abc.de

www.klicksafe.de

www.kindernetz.de

www.kindersache.de

www.sicher-im-netz.de

der **User:** vom englischen Verb „use" – etwas gebrauchen – abgeleitetes Wort; ein „User" ist jemand, der beispielsweise einen Computer nutzt.

M 2 Informationsquellen zur Sicherheit im Internet

Passwörter sicher aufbewahren

mit Bedacht teilen

angemessene persönliche Einstellungen

sicherer Einkauf im Internet

sichere Passwörter

Schütze alle Geräte!

Melde dich ab!

Überprüfe die Quellen!

Prüfe E-Mails vor dem Öffnen!

Verhindere fremde Zugriffe!

Nutze geeignete Internetadressen!

Behandle andere fair im Internet!

M 3 Schutzmaßnahmen

1 Nenne Beispiele für Gefahren, die das Internet mit sich bringt.

2 Berichte über deine Erfahrungen mit dem Internet. Ist dir schon einmal etwas Ungewöhnliches oder Merkwürdiges passiert?

3 Schildere eine Situation, die sich in einem Chat ereignen könnte, wenn jemand dich bedrängt.

4 Erläutere, welche Spuren du im Internet hinterlässt.

5 Nenne zu den Stichwörtern in **M 3** Beispiele, wie die Schutzmaßnahmen wirken.

Videospiele – verspielte Lebenszeit?

M1 Freude an Videospielen

Videospiele

Seit Langem streiten sich Fachleute über den Sinn und Unsinn von Videospielen. Dass Videospiele grundsätzlich gefährlich wären und „dumm machen", konnte nicht bestätigt werden. Wissenschaftler fanden stattdessen heraus, dass Videospiele das Lernen unterstützen können. Gamer* können häufig Räume besser wahrnehmen, Zusammenhänge gut erkennen und schneller in Entscheidungssituationen reagieren. Videospiele fördern außerdem das Lernen und sollen sogar bei seelischen Problemen und Krankheiten helfen können.

Bei einigen Untersuchungen wurde jedoch herausgefunden, dass viele Jugendliche von Spielsucht bedroht wären. Außerdem wurde festgestellt, dass das Lernen nicht begünstigt wird, wenn ein Kind sich bei einem Videospiel langweilt.

Alterskennzeichnungen für Videospiele

Nicht jedes Videospiel eignet sich für alle Kinder und alle Jugendlichen. Deshalb wird auf der Verpackung eines Videospiels gekennzeichnet, welche Altersgruppe dazu passt. Vergeben werden diese Kennzeichnungen von einer Organisation, die als „Unterhaltungssoftware Selbstkontrolle" oder kurz „USK" bezeichnet wird.

M 2 USK-Alterskennzeichnungen

1. übermäßige gedankliche Beschäftigung mit Videospielen
2. Entzugserscheinungen, wenn das Spielen nicht möglich ist
3. ein gesteigertes Bedürfnis, mehr Zeit mit dem Spielen zu verbringen
4. erfolglose Versuche, die Teilnahme an Spielen zu unterlassen
5. Interessensverlust an früheren Hobbys und Freizeitbeschäftigungen
6. ununterbrochenes Spielen trotz der Einsicht in nachteilige Folgen
7. Täuschen von Familienangehörigen über die Zeit, die mit Spielen verbracht wird
8. Nutzen von Videospielen, um einer gedrückten Stimmung zu entfliehen oder sie abzuschwächen
9. Gefährdung bis zum Verlust wichtiger menschlicher Kontakte

1 Nennt Videospiele, die in eurer Klasse besonders beliebt sind. Woraus ergibt sich die Beliebtheit?

2 Gebt in Minuten pro Tag an, wie viel Zeit jede Schülerin und jeder Schüler in eurer Klasse mit Videospielen verbringt. Stellt das Ergebnis mithilfe der Methode „Eine Umfrage auswerten" dar.

3 Erläutere **M 3**. Nenne für jeden Punkt ein Beispiel aus dem Alltag.

4 Recherchiere, wie die USK-Alterskennzeichnungen (**M 2**) erfolgen und präsentiere das Ergebnis deiner Klasse.

Was tun bei Cybermobbing?

M 1 Cybermobbing kann jede/-n treffen...

Was ist Cybermobbing?

Das Wort „Mobbing" leitet sich von dem englischen Wort „mob" ab und hat zwei Bedeutungen: umringen oder bedrängen und Meute oder Gruppe. „Cyber" wird für Ereignisse im Internet verwendet – insbesondere bei belästigenden oder strafbaren Handlungen.

Oft schließt beim Mobbing oder Cybermobbing eine Gruppe einen Einzelnen aus. Auch wenn nicht alle aktiv mobben, sind die „Zuschauer" ebenfalls beteiligt und machen sich schuldig.

M 2 Beispiele für Cybermobbing

- peinliche Fotos aufnehmen und teilen
- Bilder von jemandem verändern
- jemanden aus einer Online-Gruppe ausschließen
- Drohungen und Hasskommentare verfassen
- jemanden mit unerwünschten Nachrichten und Bildern „überfluten"

M 3 Cybermobbing aus Sicht eines Opfers

In meiner Klasse war ich keine Außenseiterin. Ganz normal – würde ich sagen. Einerseits gehörte ich nicht zu den besonders lauten und auffälligen Schülern. Andererseits würde ich mich nicht als „Duckmäuschen" bezeichnen. Ich war wie alle anderen im Klassenchat, allerdings habe ich eher gelesen und gesehen, was die anderen so machten. Irgendwann tauchte dort ein Foto von mir auf, das von einer Klassenfahrt stammte. Das Foto zeigte mich in einer ungünstigen Art und Weise. Zuerst wurde es witzig kommentiert. Dann jedoch wurden die Kommentare zunehmend verletzend. Mir schien es, als hätte sich die ganze Klasse auf mich „eingeschossen". Je mehr ich etwas dagegen unternehmen wollte, desto schlimmer wurde es. Ich habe mich nicht mehr in die Schule getraut. Noch heute fühle ich das Erschrecken, wenn ich an diese Zeit zurückdenke.

So kannst du dich schützen

Auch wenn es einfacher gesagt als getan ist, solltet ihr beleidigende Kommentare nicht „an euch heranlassen". Am besten ist es, wenn ihr euch euren Eltern oder einer Lehrkraft anvertraut. Denn sobald Erwachsene eingeschaltet werden, hören die Täter oft auf. Wenn nicht, muss mithilfe der Schulleitung oder der Polizei eine Lösung gefunden werden. Alle sozialen Netzwerke bieten auch eine Möglichkeit, unerwünschte Kommentare zu melden und andere Nutzer zu blocken.

M 4 Tipps zur Verringerung von Gefahren

nicht zu viel Persönliches preisgeben	sparsam mit eigenen Fotos umgehen
ruhig mal misstrauisch sein	Fotos mit Markierungen vor Missbrauch schützen
auch das Bauchgefühl zurate ziehen	erst gut nachdenken, dann vielleicht handeln

1 Gib in eigenen Worten wieder, was unter „Cybermobbing" verstanden wird.

2 Berichtet über eure Erfahrungen mit Cybermobbing. Nehmt **M 2** zu Hilfe.

3 Fasse mündlich zusammen, wie sich Cybermobbing in **M 3** ereignete.

4 Versetze dich in die Person aus **M 3**. Was hättest du an ihrer Stelle unternommen?

5 Nenne Beispiele aus dem Alltag für die Tipps in **M 4**.

6 Erweitere die Tabelle M4 mit deinen Ideen zu Vorsichtsmaßnahmen.

7 Nimm Stellung zur Materialunterschrift **M 1**. Bist du derselben Meinung? Begründe deine Antwort.

8 Tauscht in eurer Klasse eure Ansichten aus, wer ein Interesse an Cybermobbing haben könnte. Welches Interesse und warum?

9 Gestaltet Flyer oder Plakate mit Tipps gegen Cybermobbing.

M1 Ein Erklärvideo wird vorbereitet

Erklärvideos

Wenn uns jemand an einem Beispiel etwas erklärt, können wir meistens den Sachverhalt gut verstehen. Ein Beispiel kann in Form eines kleinen Films gegeben werden. Solche kleinen Filme werden auch als „Erklärvideos" bezeichnet.

Erklärvideos als Präsentationen

Bei Erklärvideos als Präsentationen werden die Inhalte sachlich und verständlich von einer Person vor einer Kamera vorgetragen. Fehler und Versprecher werden anschließend mit einem Programm „herausgeschnitten" bzw. gelöscht.

Erklärvideos in Bildern

Bei Erklärvideos in Bildern werden nacheinander Teile aufgelegt, gefilmt, verschoben und wieder gefilmt. Dieses Vorgehen wird auch als „Lege-Technik" bezeichnet. Bei der Lege-Technik kann auch das Verschieben der Teile mitgefilmt werden. Zu den bewegten Bildern wird ein Text eingesprochen.

Von der Idee zum Erklärvideo

Zu einem guten Erklärvideo gehört eine gute Idee am Anfang. Die Idee wird Schritt für Schritt umgesetzt. Damit dies am Ende flüssig erfolgen kann, wird das Erklärvideo in kleine Bestandteile zerlegt und skizziert. Fachleute sprechen in diesem Zusammenhang von einem „Storyboard". Hierfür werden die Abschnitte in Stichwörtern beschrieben und kleine Zeichnungen hinzugefügt.

METHODE

| Das ist Herr Rath-Gefragt… | Herr Rath-Gefragt möchte ein Smartphone kaufen, weiß aber nicht, welches… | Zum Glück können wir Herrn Rath-Gefragt helfen… | …und ihn durch unsere Beratung glücklich machen. |

M2 Entstehung eines Erklärvideos in Lege-Technik

1. Schritt: Thema und Technik auswählen

Wählt euch ein Thema aus den Seiten 58 bis 73 aus. Einigt euch in eurer Gruppe darauf, ob euer Erklärvideo in Form einer Präsentation oder in Form von Bildern produziert werden soll.

2. Schritt: Einen Entwurf machen

Wenn das Thema und die Technik feststehen, wird ein Entwurf geschrieben und gezeichnet. Das soll einerseits nicht zu ausführlich und kleinteilig sein. Andererseits müssen alle Beteiligten bei einem Erklärvideo wissen, was sie zu tun haben.

3. Schritt: Einen Probelauf durchführen

Bevor ihr die Kamera einschaltet, solltet ihr das Erklärvideo kurz zur Probe durchspielen oder durchlaufen lassen. Wenn alle Abläufe sicher sind, kann gefilmt werden.

4. Schritt: Das Erklärvideo filmen und bearbeiten

Beim Filmen wird festgestellt, ob alles stimmt. Sind die Beleuchtung und der Ton gut gewählt? Wird in der richtigen Geschwindigkeit gesprochen? Ist die Stimme gut zu verstehen? Sollte es irgendwo Schwachpunkte geben, können Teile des Videos noch einmal nachgedreht werden.

5. Schritt: Das Erklärvideo zeigen

Der große Moment ist gekommen: Das Erklärvideo wird Personen gezeigt, die es noch nicht zuvor gesehen haben. Dies ist zugleich eine Möglichkeit, ein Feedback einzuholen, um später noch besser werden zu können: Reagieren die Zuschauer in der gewünschten Weise? Haben sie alles verstanden? Was könnte verbessert werden?

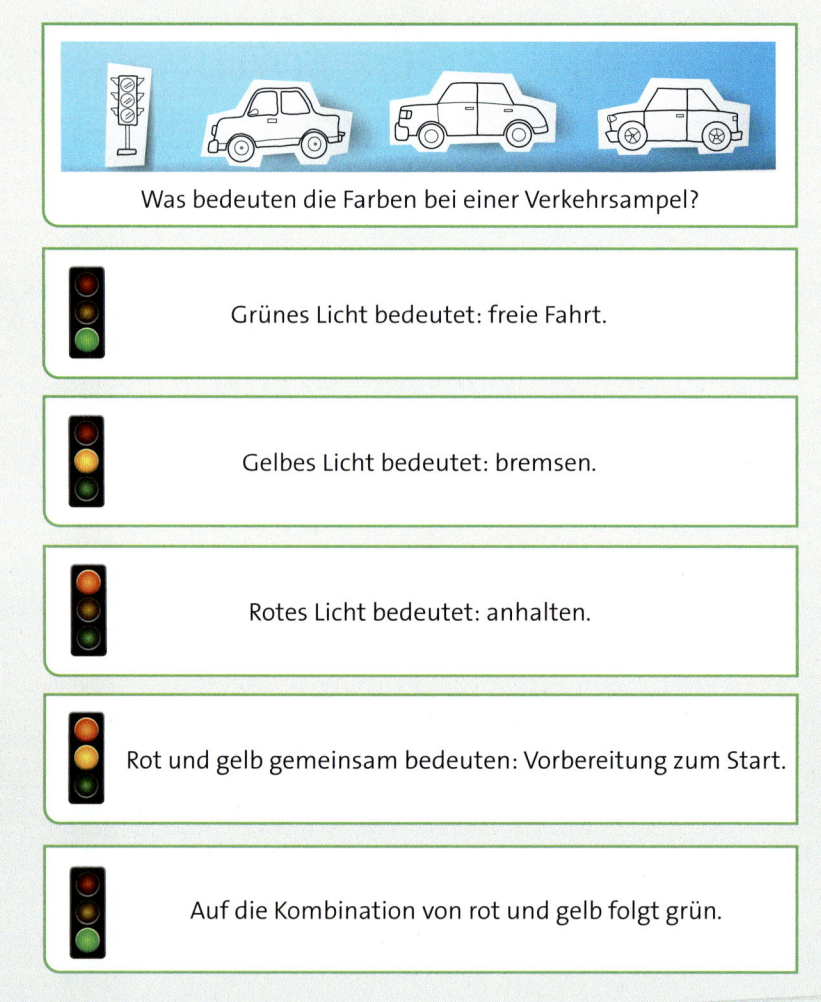

M1 Beispiel für eine klare und kurz formulierte digitale Präsentation in sechs Folien

M2 Beginn einer digitalen Präsentation

Eine digitale Präsentation

Eine digitale Präsentation wird mithilfe von Computerprogrammen erstellt. Sie kann ganz schön aufregend sein – manchmal jedoch nur für die Person, die vorträgt. Denn häufig schaltet die Klasse nämlich gedanklich ab, weil eine Präsentation nicht gelungen ist.

Computerprogramme zum Erstellen von digitalen Präsentationen bringen viele Funktionen mit sich. Das kann dazu verführen, diese Funktionen hemmungslos einzusetzen. So werden beispielsweise zu grelle Farben verwendet, die vom Inhalt der digitalen Präsentationen ablenken.

1. Schritt: Ein Thema finden und Unterthemen auswählen

In den meisten Fällen wird eure Lehrerin oder euer Lehrer euch ein Thema vorgeben. Wenn nicht, hilft euch dieser Schritt zur Planung.
– Macht ein Brainstorming, wenn euch kein Thema vom Lehrer vorgegeben wurde.

– Nutzt eine Mindmap, um Unterthemen festzulegen.
– Recherchiert im Internet, um mehr zu eurem Thema zu erfahren (Tipp: S. 62/63)
– Ergänzt – wenn nötig und möglich – eure Mindmap nach der Recherche.

2. Schritt: Eine digitale Präsentation gestalten

Eine digitale Präsentation besteht aus Folien, die man gestalten kann. Die digitale Präsentation soll euren mündlichen Vortrag unterstützen, aber nicht ersetzen. Für die Gestaltung der Folien gilt der Grundsatz: weniger ist mehr.
– Titelfolie: Worum geht es?

– Begnüge dich mit wenigen Stichpunkten pro Folie
– Verwende kurze Sätze und aussagekräftige Bilder
– Behalte ein einheitliches Layout bei
– Verwende Grafiken und andere Medien (Achtung: Urheberrechte beachten!)

3. Schritt: Eine digitale Präsentation durchführen

Um nicht nervös zu werden, solltest du die Präsentation öfter einüben. Folgende Punkte solltest du als präsentierende Person beachten.
– Ich begrüße die Klasse und führe in das Thema ein.
– Ich weiß, wovon ich rede.
– Ich kenne die Bedeutung von Fremdwörtern und weiß, wie sie ausgesprochen werden.

– Ich rede laut und deutlich.
– Ich rede in einem angemessenen Tempo.
– Ich spreche frei. Zur Unterstützung bei meiner digitalen Präsentation nutze ich Stichwortzettel.
– Ich bedanke mich bei meinen Zuhörern für die Aufmerksamkeit und beantworte anschließend Fragen.

Das kann ich...

M 1 Wichtige Begriffe

- Massenmedien
- soziale Medien
- Fake News
- FOMO
- Leben in einer Blase
- Schadsoftware
- Cybermobbing
- Cookies
- USK-Alterskennzeichnungen
- Erklärvideo

Die wichtigen Begriffe in M1 helfen dir dabei, die Aufgaben auf der Seite 79 unten zu lösen. Nutze möglichst viele dieser Begriffe aus dem Kapitel 3 „Leben in der Medienwelt".

M 2 Zuordnungen

A Das Gefühl, etwas zu verpassen. Dieses Gefühl entsteht vor allem durch die Nutzung von sozialen Medien.

B Zu ihnen zählen zum Beispiel Radio, Internet und Zeitungen. Sie werden von sehr vielen Menschen genutzt.

C Darunter versteht man das absichtliche Beleidigen und Bloßstellen von anderen im Internet.

D Nachrichten, die sich jemand bewusst ausgedacht hat. Manchmal sogar, um andere Menschen oder Menschengruppen schlecht dastehen zu lassen.

E So werden Computerprogramme genannt, die schädliche Funktionen ausführen sollen. Man spricht auch von Viren, Trojanern oder Spyware.

F Plattformen wie Facebook, Snapchat, Instagram, TikTok etc. auf denen man sich mit anderen Nutzern verbinden kann.

G Damit lässt sich ein Sachverhalt kurz und anschaulich verdeutlichen.

H Es entsteht, weil Betreiber von Webseiten Daten über uns sammeln und uns deswegen auf uns zugeschnittene Informationen angezeigt werden.

M 3 Hier stimmt doch was nicht...?

- Benachrichtigungen (Likes, Kommentare, etc.) sind für unser Gehirn wie kleine Belohnungen.
- Radios gehören zu alten Medien, weil es sie schon sehr lange gibt.
- Bei neuen Medien ist die Kommunikation nur in eine Richtung möglich.
- Wenn man etwas im Internet sucht, ist das erste Ergebnis immer das beste Ergebnis.
- Das Impressum einer Website gibt Auskunft darüber, wer die Seite erstellt hat.
- Das Leben in einer Blase hilft uns dabei, nur wahre Informationen im Internet zu finden.

M4 Schutzmaßnahmen

M5 Wahr oder unwahr?

M6 Gespräch zwischen zwei Schülern

Bitte nicht ins Buch schreiben!

1 Ordne die Kästchen A bis H in **M2** passenden Begriffen in **M1** zu.
2 Begründe, welche Aussagen in **M3** stimmen und welche nicht. Schreibe die falschen Aussagen in dein Heft und verbessere sie.
3 Bei **M4** wurde die Beschriftung weggelassen. Kannst du dich erinnern, welche Schutzmaßnahmen angewandt werden sollten? Antworte für jede Station in Stichwörtern.
4 **M5**: Wende dein Wissen über Fake News an. Erläutere, wie du dich davor schützen kannst.
5 Schaue dir die Situation zwischen den beiden Schülern an (**M6**). Wie könnte das Gespräch weitergehen? Wende dein neues Wissen an und schreibe für beide Schüler zusätzliche Texte für die Sprechblasen in dein Heft.

KAPITEL 4

Wirtschaft verstehen

In diesem Kapitel lernst du etwas über die Aufgaben und die Rolle des Geldes. Außerdem lernst du, wie deine Kaufentscheidungen beeinflusst werden.

- Was sind Bedürfnisse?
- Was bedeutet „geschäftsfähig"?
- Welche Aufgaben erfüllt das Geld?
- Wie können Kinder und Jugendliche ohne Bargeld zahlen?
- Wie können Kinder und Jugendliche Geld verdienen?
- Welche Arten von Gütern gibt es?
- Welchen Einfluss hat Werbung auf den Verbraucher?

M1 Aladins Wunderlampe

Sprachspeicher

ein Bedürfnis verspüren...

ein Bedürfnis befriedigen...

ein Bedürfnis haben...

einem Bedürfnis nachgeben...

einen Bedarf decken...

eine Ware kaufen...

eine Ware erwerben...

*Lexikon

die **Anerkennung:** wenn eine Person die Leistung einer anderen Person angemessen einschätzt

der **Luxus:** etwas, das nicht lebensnotwenig ist und viel Geld oder Zeit kostet

die **Ware:** Gegenstände, die in einem Geschäft angeboten werden und gekauft werden können

Wünsch dir was...

Der Flaschengeist aus dem Märchen Aladin und die Wunderlampe erfüllt jedem einen Wunsch, der ihn aus seiner Wunderlampe befreit. Wie schön wäre es doch, wenn alle unsere Wünsche in Erfüllung gehen würden, oder nicht? Die Wirklichkeit zeigt uns jedoch, dass wir viele Wünsche haben, die nicht sofort oder gar nicht zu erfüllen sind.

Bedürfnisse

In der Fachsprache der Wirtschaft gibt es ein ähnliches Wort wie „Wunsch". Das Fachwort heißt „Bedürfnis". Ein Bedürfnis ist das Empfinden eines Mangels. Ein tägliches Bedürfnis ist es, etwas zu trinken. Dein Körper signalisiert dir „Durst", weil er einen Mangel an Flüssigkeit empfindet. Vielleicht hast du auch schon einmal das Wort „Schlafmangel" gehört?

Unterschiedliche Bedürfnisse

In der Steinzeit mussten die Menschen sich auf die Suche nach Nahrungsmitteln machen, um zu überleben. Dazu gehörten das Jagen, das Sammeln von essbaren Pflanzen sowie die Versorgung mit Trinkwasser. Diese Bedürfnisse werden als „Grundbedürfnisse" bezeichnet.

Über ihre Grundbedürfnisse hinaus empfinden Menschen noch weitere Bedürfnisse. Sie wollen Schutz und Sicherheit, aber auch einer größeren Gruppe angehören, in der sie sich wohlfühlen. Auch die Anerkennung* anderer ist ein menschliches Bedürfnis. Bei den Luxusbedürfnissen* unterscheiden sich die Menschen am meisten.

Bedürfnisse des Einzelnen

Bedürfnisse können von jedem anders eingestuft werden. Ein Mensch, der in Armut lebt, kann schon ein kleines Auto als Luxusbedürfnis betrachten. Für einen reichen Menschen hingegen könnte ein Auto eine Selbstverständlichkeit und kein Luxusbedürfnis sein.

Bedarf

Wenn Geld zur Befriedigung eines Bedürfnisses zur Verfügung steht, wird dies in der Sprache der Wirtschaft als „Bedarf" bezeichnet. Anbieter von Waren* decken den Bedarf. Ihr Warenangebot verkaufen sie gegen die Zahlung von Geld an ihre Kundinnen und Kunden. Beispielsweise kannst du in einer Bäckerei deinen Bedarf an bestimmten Lebensmitteln decken. Es gibt dort verschiedene Backwaren zu unterschiedlichen Preisen.

M2 Abteilungen in einem Kaufhaus

1 Erzähle mithilfe von **M1** eine eigene kleine Geschichte.

2 Erkläre den Begriff „Bedürfnis". *Starthilfe Ein Bedürfnis ist... Unter einem Bedürfnis wird verstanden... Ein Bedürfnis beschreibt...*

3 Unterscheide die Begriffe „Bedürfnis" und „Bedarf".

4 Sieh dich im Kaufhaus **M2** um. Erläutere, wie hier Bedürfnisse und Bedarf festzustellen sind. *Starthilfe Wenn eine Kundin oder ein Kunde im Kaufhaus...*

5 Beschreibe **M3**. Nenne Beispiele für Grundbedürfnisse und Luxusbedürfnisse.

6 Ordnet die fünf Wünsche aus **M1** in die Bedürfnispyramide **M3** ein. Gibt es hierfür nur eine Lösung? Begründet eure Antwort.

7 Erkläre anhand von zwei Beispielen, wie sich unsere Bedürfnisse verändern können. *Starthilfe Durch besondere Umstände können sich unsere Bedürfnisse ändern. Ein Beispiel dafür wäre...*

8 Timo sagt: „Ein Smartphone ist für mich ein Grundbedürfnis". Teilst du seine Meinung? *Starthilfe Ein Grundbedürfnis ist ..., deswegen würde ich Timo sagen, dass...*

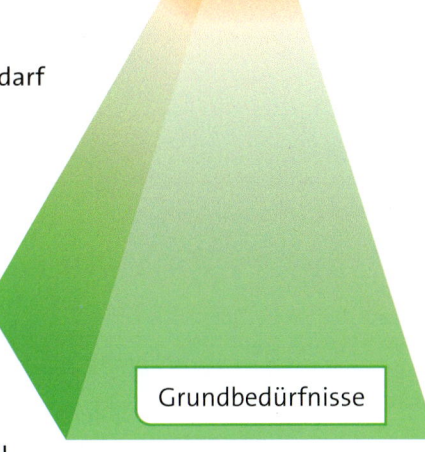

Luxusbedürfnisse

Grundbedürfnisse

M3 Bedürfnispyramide

M1 Arm oder nicht?

Geld

Stell dir vor, du kaufst ein Buch. Du bezahlst das Buch mit Geldmünzen und Geldscheinen. Die Zahlen auf den Geldscheinen und den Münzen sind unterschiedlich.

Funktionen des Geldes

Geld erfüllt unterschiedliche Zwecke. In der Fachsprache der Wirtschaft wird es als „drei Funktionen des Geldes" bezeichnet. Du kannst mit Geld etwas kaufen. Du kannst Geld sparen. Du kannst die Preise von Waren und Dienstleistungen vergleichen.

Dienstleistungen

Als Dienstleistungen werden Tätigkeiten bezeichnet, die eine Person für eine andere Person gegen Geld tut. Eine Dienstleistung kann zum Beispiel sein, wenn du dir die Haare schneiden lässt. Eine andere Dienstleistung kann eine Bahnfahrt sein. Auch wenn du einen Arzt besuchst, ist das eine Dienstleistung.

M2 Die drei Funktionen des Geldes		
Tauschmittel	→	Geld wird für eine Ware oder eine Dienstleistung gezahlt.
Wertaufbewahrungsmittel	→	Geld kann gespart und in einer Spardose aufbewahrt werden.
Wertmesser und Recheneinheit	→	Hierdurch werden Waren und Dienstleistungen besser vergleichbar.

Bargeld, Buchgeld und noch mehr

Geld in Form von Münzen und in Scheinen wird „Bargeld" genannt. Es gibt auch unsichtbares Geld. Dieses Geld wird als „Buchgeld" bezeichnet, da es früher in Büchern der Bank eingetragen wurde.

Viele Menschen bezahlen bargeldlos. Eine bargeldlose Bezahlung kann mithilfe einer EC-Karte* erfolgen. Mit einer EC-Karte kann auch Geld von einem Konto auf ein anderes Konto überwiesen werden.

M 3 Viermal Geld

M 4 Fallbeispiele

- Ole kauft sich ein Eis.
- Anna spart Geld für eine Spielekonsole.
- Fatma will wissen, was ein bestimmtes Smartphone kostet.
- Murat vergleicht die Preise für ein Computerspiel in verschiedenen Geschäften.
- Nele will eine schicke Hose kaufen.
- Markus hat ein Konto, auf das er sein Taschengeld einzahlt.

1 Erkläre, was unter einer Dienstleistung verstanden wird.

2 Nenne die drei Funktionen des Geldes.

3 Erläutere die drei Funktionen des Geldes anhand von Beispielen.
Starthilfe Geld funktioniert als Tauschmittel, wenn... Geld nimmt die Funktion eines Wertaufbewahrungsmittels wahr...

4 Berichte darüber, wie bargeldlos bezahlt werden kann.
Starthilfe Bargeldlos bezahlen kann ich, indem... Eine bargeldlose Form der Bezahlung erfolgt, wenn...

5 Betrachte die vier Beispiele in **M 3**. Entscheide mit Begründung, ob eine der drei Funktionen des Geldes zu erkennen ist.

6 Ordne die Fallbeispiele in **M 4** begründet den drei Funktionen des Geldes (**M 2**) zu.

7 Nimm begründet Stellung zur Frage in **M 1**.

Sprachspeicher
Geld wird überwiesen...
ein Konto wird einge-
richtet...
Geld wird abgehoben...

M 1 Was wird aus meinem Sparschwein?

Keine kleinen Münzen mehr

Miriam kommt ganz aufgeregt in die Schule. Sie hat gehört, dass in der Stadt Kleve und auf der Insel Wangerooge das Kleingeld abgeschafft werden soll. Das betrifft den Bargeldverkehr mit Münzen, die einen Wert von weniger als zehn Cent haben. Miriam ist unsicher, denn sie spart Bargeld.

Wenn es kein Bargeld mehr gibt, kannst du dein Sparschwein wegwerfen.

Wenn du keine EC-Karte hast, wird es mit dem bargeldlosen Einkaufen schwierig.

Das Bezahlen mit einer EC-Karte ist einfach. Du bekommst auch kein lästiges Wechselgeld.

Deine Verwandten geben dir bestimmt auch mal Bargeld. Du lächelst glücklich, dein Gegenüber freut sich, lächelt auch. Würde es kein Bargeld geben, würde die Person zu ihrem Handy greifen und dir per Knopfdruck einen Geldbetrag überweisen. Du siehst dann nicht, wie viel es war.

Alle Kinder müssten mit einer Prepaid-Kreditkarte einkaufen können.

Wenn du kein Bargeld hast, kannst du auch kein Geld verlieren.

Du darfst nie deine Prepaid-Kreditkarte oder EC-Karte vergessen.

M 2 Äußerungen zu Bargeld und zu bargeldlosem Bezahlen

Ahmed berichtet, dass es immer mehr Länder gibt, die das Bargeld abschaffen wollen. Eines dieser Länder ist Schweden, das bis 2030 kein Bargeld mehr im Umlauf haben will.

Bargeldlos bezahlen

Es besteht die Möglichkeit, mit einer EC-Karte zu bezahlen. Eine andere Möglichkeit für bargeldloses Bezahlen bietet eine sogenannte „Prepaid-Kreditkarte". „Prepaid" bedeutet, dass etwas im Voraus bezahlt wird.

Gutscheinkarten

Eine besondere Möglichkeit für bargeldloses Bezahlen ist eine Gutscheinkarte. Mit einer Gutscheinkarte kann nur in einem bestimmten Geschäft etwas gekauft werden. Auch eine Gutscheinkarte entspricht einem bestimmten Wert, der mit einem Euro-Betrag dargestellt wird.

M 3 Gutscheinkarte

Bargeldlos bezahlen – auch für Kinder?

Kinder ab 14 Jahren können eine Prepaid-Kreditkarte erhalten, wenn ihre Eltern es mit einer Bank vereinbart haben. Unter bestimmten Bedingungen ist es auch möglich, ein Girokonto* mit dazugehöriger EC-Karte zu eröffnen. In jedem Fall ist eine Mitwirkung der Eltern nötig. Allein kann sich kein Kind eine EC-Karte oder Prepaid-Kreditkarte beschaffen.

Lexikon

das **Girokonto**: ein Konto, mit dem Geldüberweisungen durchgeführt werden

1 Nenne Möglichkeiten, wie bargeldlos bezahlt werden kann.

2 Berichte über die Möglichkeiten, die es für Kinder gibt, bargeldlos zu bezahlen.

3 Fertige eine Tabelle mit zwei Spalten an. Schreibe in eine Spalte die Vorteile, in die andere die Nachteile des bargeldlosen Bezahlens.

4 Findest du die Idee, das Bargeld abzuschaffen gut oder schlecht? Begründe.
Starthilfe Wenn man das Bargeld abschaffen würde, würde ich das gut/schlecht finden, weil...

5 Denk dir eine Geschichte aus, wie es dir und vielen anderen ergehen würde, wenn es kein Bargeld mehr geben würde. Lies sie deinen Mitschülern vor.
Starthilfe In Deutschland wurde das Bargeld abgeschafft. Alle Kinder mussten jetzt eine EC-Karte oder eine Prepaid-Kreditkarte besitzen...

6 Erkläre, wie eine Gutscheinkarte funktioniert. *Starthilfe Eine Gutscheinkarte ist im Gegensatz zu einer EC-Karte ...*

7 Bewerte aus deiner Sicht die Vorteile und die Nachteile von Gutscheinkarten.

8 Lies die Äußerungen zu Bargeld und bargeldlosem Bezahlen in **M 2**. Gib zu jeder Sprechblase einen Kommentar. *Starthilfe Zu Sprechblase 7 möchte ich kommentieren, dass ...*

9 Recherchiere den aktuellen Stand zur Abschaffung des Bargelds in Deutschland und in Europa.

Sprachspeicher

mit Bargeld bezahlen...

Bargeldlos bezahlen...

eine EC-Karte verwenden...

eine EC-Karte einsetzen...

mithilfe einer EC-Karte bezahlen...

eine Gutscheinkarte erwerben...

eine Gutscheinkarte einlösen...

M 1 Ein Computerspiel soll gekauft werden.

M 2 Taschengeldempfehlungen	
Alter des Kindes	**Taschengeld**
unter 6 Jahren	1 Euro pro Woche
7—8 Jahre	2 Euro pro Woche
8—9 Jahre	3 Euro pro Woche
10 Jahre	15—17,50 Euro pro Monat
11 Jahre	17,50—20 Euro pro Monat
12 Jahre	20—22,50 Euro pro Monat
13 Jahre	22,50—25 Euro pro Monat
14 Jahre	25—30 Euro pro Monat
15 Jahre	30—37,50 Euro pro Monat
16 Jahre	38—45 Euro pro Monat
17 Jahre	45—60 Euro pro Monat
18 Jahre	60—80 Euro pro Monat

Lexikon

das **Babysitting:** *das Aufpassen auf kleine Kinder, das nicht durch die Eltern oder Erzieherinnen in Kindertagesstätten erfolgt*

das **Jugendamt:** *eine Einrichtung einer Gemeinde, die für bestimmte Angelegenheiten von Jugendlichen und Kindern zuständig ist*

Taschengeld

Markus ist elf Jahre alt. Er besucht seinen Freund Ahmet, der zum Geburtstag einen neuen Computer geschenkt bekommen hat. Dazu hat er noch Computerspiele bekommen. Sie haben sich verabredet, um zusammen World Cup Edition zu spielen. Schnell wird klar, dass Markus dieses Spiel auch haben will. In einem Monat soll das Spiel auf den Markt kommen. Bis dahin muss Markus 59,99 Euro zusammenhaben, um sich das Spiel leisten zu können. Seine Eltern vertreten die Meinung, dass er viel zu viel Zeit am Computer verbringt. Deswegen möchte Markus seine Eltern nicht darum bitten, ihm das Geld zu geben. Die beiden Freunde überlegen, wie Markus das Geld zusammenbekommen könnte. Markus erhält wöchentlich von seinen Eltern drei Euro Taschengeld. Er möchte wissen, wie viel Taschengeld andere Kinder in seinem Alter bekommen, und informiert sich im Internet. Dabei stößt er auf eine Tabelle, die Taschengeld für Altersgruppen empfiehlt. Die in der Tabelle angegebenen Werte beruhen auf einer Empfehlung von einem Jugendamt*.

Taschengeld aufbessern

Markus leert sein Sparschwein und hat 25,60 Euro. Das Geld reicht aber nicht für das Computerspiel. Jetzt überlegen er und Ahmet, wie er an das fehlende Geld kommen kann.
Ihre Freundin Lea macht Babysitting*. Diese Art des Geldverdienens macht Markus aber keinen Spaß. Sein Opa hat ihm schon mal Geld für das Rasenmähen oder für Erledigungen im Haushalt gegeben. Ahmet schlägt Markus vor, diese Arbeiten mithilfe eines Aushangs im nahegelegenen Supermarkt auch anderen anzubieten. Ahmet hat für die Innenreinigung eines Autos etwas Geld von seinem Onkel bekommen. Markus fällt ein, dass er im Fach Mathematik sehr gute Noten hat und dies zu seinem Vorteil machen kann, indem er Nachhilfe gibt.

Kinderarbeit

Kinderarbeit ist eine Tätigkeit von Personen, die noch nicht 18 Jahre alt sind. Diese Tätigkeit darf den Kindern nicht schaden oder sie am Schulbesuch hindern. Eine richtige Arbeit darf in Deutschland erst ausgeführt werden, wenn die Person nicht mehr schulpflichtig ist. Nicht mehr schulpflichtig ist eine Person nach zehn Jahren Schulbesuch oder ab einem Alter von 14 oder 15 Jahren.

Kinder über 13 Jahre und vollzeitschulpflichtige Jugendliche dürfen nicht beschäftigt werden, aber es gibt Ausnahmen.

M 3 Taschengeldaufbesserung

M 4 Ausnahmen für Kinderarbeit – Beispiele

- Austragen von Zeitungen, Zeitschriften, Anzeigenblättern und Werbeprospekten
- einfache Tätigkeiten in Haushalt und Garten
- Botengänge
- Betreuung von Kindern und anderen zum Haushalt gehörenden Personen
- Nachhilfeunterricht
- Betreuung und Versorgung von Tieren sowie Haustieren
- Einkaufstätigkeiten
- einfache Handreichungen beim Sport und bei Veranstaltungen von Vereinen

---

Zeitliche Einschränkungen

Tätigkeiten von Kindern dürfen nur an Werktagen* zwischen 8 Uhr und 18 Uhr erfolgen. Die Tätigkeit darf nicht vor oder während des Schulunterrichts ausgeübt werden. Sie darf höchstens zwei Stunden pro Tag betragen bzw. drei Stunden täglich in landwirtschaftlichen Familienbetrieben. Vor dem Unterricht dürfen Kinder nicht arbeiten.

Lexikon

der **Werktag:** *jeder Tag, der kein Sonntag oder Feiertag ist; also die Tage von Montag bis einschließlich Samstag*

1 Schreibe auf, wovon die Höhe des Taschengeldes abhängen sollte.

2 Markus sagt seinen Eltern, dass er laut **M 2** zu wenig Taschengeld bekommt. Wie ist eure Meinung dazu? Diskutiert in der Klasse.

3 Darf Markus in einer Fabrik arbeiten? Gib mithilfe des Textes auf dieser Doppelseite eine begründete Antwort.

4 Ist es erlaubt, dass Markus am Wochenende zwei Stunden lang Zeitungen austrägt? Begründe.

5 Nenne drei Tätigkeiten, die Markus ausüben darf.

6 Berichte über deine Fähigkeiten, mit denen du Geld verdienen könntest.

Eine Umfrage erstellen und auswerten

M1 Geschlossene und offene Frage

Umfrage

Mithilfe einer Umfrage wird ein Meinungsbild einer größeren Personengruppe ermittelt. Sie kann schriftlich oder mündlich sein.

Geschlossene und offene Fragen

Eine geschlossene Frage kann nur mit „ja" oder „nein" beantwortet werden.

Eine offene Frage wird häufig mit sogenannten „W-Fragewörtern" eingeleitet: Wie? Was? Womit? Warum?

1. Schritt: Vorüberlegungen

Was soll herausgefunden werden? Wer soll befragt werden? Wie wird die Umfrage erstellt: mündlich oder schriftlich? Werden geschlossene oder offene Fragen gestellt?

2. Schritt: Fragen und Antwortmöglichkeiten aufschreiben

Auch wenn nur eine mündliche Umfrage durchgeführt werden soll, ist es besser, die Fragen vorher aufzuschreiben und dann vorzulesen. Ein schriftlicher Fragebogen muss unbedingt übersichtlich und gut leserlich sein.

3. Schritt: Durchführung

Die Durchführung einer Umfrage hängt davon ab, ob eine mündliche oder eine schriftliche Form gewählt wurde. Auch bei mündlichen Umfragen müssen die Ergebnisse aufgeschrieben werden. Nach einer schriftlichen Umfrage liegen die Ergebnisse sozusagen „wie von selbst" vor.

4. Schritt: Auswertung

Für die Auswertung einer Umfrage bietet sich eine Strichliste an. Hier wurde nach der Verwendung von Taschengeld gefragt.

Umfrage zum Taschengeld

Beantworte die Fragen nacheinander. Antworte bitte ehrlich. Wenn du auf bestimmte Fragen nicht antworten möchtest, kannst du sie einfach überspringen.
Mache bei 1 bis 4 jeweils nur **ein Kreuz.** Bei Nr. 5 darfst du höchstens **drei Kreuze** machen.

1. Ich bin: ein Mädchen   ☐   ein Junge   ☐

2. Alter: _____

3. Wie viel Taschengeld bekommst du im Monat? Kreuze ein Kästchen an.
   weniger als 10 €   ☐   10 € bis 20 €   ☐   mehr als 20 € bis 30 €   ☐   mehr als 30 €   ☐

4. Erhältst du zusätzlich Geld neben deinem Taschengeld?   ja ☐   nein ☐
   Wenn ja, wie viel Euro sind es ungefähr? _____

5. Wofür gibst du dein Taschengeld aus? Kreuze höchstens dreimal an.
   Zeitschriften, Bücher & Comics   ☐
   Getränke/Essen   ☐
   Süßigkeiten   ☐
   Kleidung, Schuhe   ☐
   PC-Spiele   ☐
   Handy   ☐
   Schulmaterial   ☐

M2 Fragebogen zum Taschengeld

Mädchen ⅻ ⅻ   Jungen ⅻ ⅻ ‖‖

weniger als 10 € ⅻ | 10 € bis 20 € ⅻ ⅻ | mehr als 20 € bis 30 € ⅻ   mehr als 30 € |

Zeitschriften, Bücher & Comics	ⅻ ⅻ ⅻ ‖
Getränke/Essen	ⅻ ⅻ ⅻ ⅻ ‖‖‖
Süßigkeiten	ⅻ ⅻ ⅻ ⅻ ⅻ ‖
Kleidung, Schuhe	ⅻ ‖‖
PC-Spiele	ⅻ ⅻ
Handy	ⅻ ‖
Schulmaterial	‖‖

M3 Strichlisten

Zeitschriften, Bücher & Comics	卌 卌 卌 Ⅰ
Getränke/Essen	卌 卌 卌 卌 ⅠⅠⅠⅠ
Süßigkeiten	卌 卌 卌 卌 卌 ⅠⅠ
Kleidung, Schuhe	卌 ⅠⅠⅠ
PC-Spiele	卌 卌
Handy	卌 ⅠⅠ
Schulmaterial	ⅠⅠⅠ

M1 Strichliste mit Häufigkeiten

Digitale Auswertung

Strichlisten wurden früher häufig verwendet. Heute, wo die Computertechnik in vielen Lebensbereichen zum Alltag gehört, bieten sich andere Verfahren der Auswertung an. Wenn hierfür ein Computerprogramm genutzt wird, so wird es auch als eine „digitale Auswertung" bezeichnet. Es gibt zahlreiche Computerprogramme, die einfach zu bedienen sind und Zahlenwerte in Grafik umsetzen. Solche grafischen Darstellungen sind noch besser anschaulich als Strichlisten.

1. Schritt: Ein Computerprogramm auswählen

Als erster Schritt wird festgestellt, welche Computerprogramme zur Verfügung stehen. Von der Wahl des Computerprogramms hängen alle weiteren Schritte ab. Denn jedes Computerprogramm bringt eigene Bedienungsschritte mit sich.

2. Schritt: Ein Computerprogramm anwenden

Weit verbreitet sind Computerprogramme, in die tabellarische Eintragungen vorgenommen werden. Ein solches Beispiel wurde hier gewählt. Nach der Eintragung von Wörtern und Zahlen in zwei Spalten lassen sich mit dem Computerprogramm automatisch verschiedene Grafiken erzeugen. Diese unterschiedlichen Grafiken werden dem Computernutzer zur weiteren Verwendung vorgeschlagen.

	A	B	
1	Zeitschriften, Bücher und Comics	16	Zeile 1
2	Getränke und Essen	24	Zeile 2
3	Süßigkeiten	27	Zeile 3
4	Kleidung und Schuhe	8	Zeile 4
5	PC-Spiele	10	Zeile 5
6	Handy	7	Zeile 6
7	Schulmaterial	3	Zeile 7
	Spalte 1	Spalte 2	

M2 Übertragung der Strichliste in das Computerprogramm

METHODE

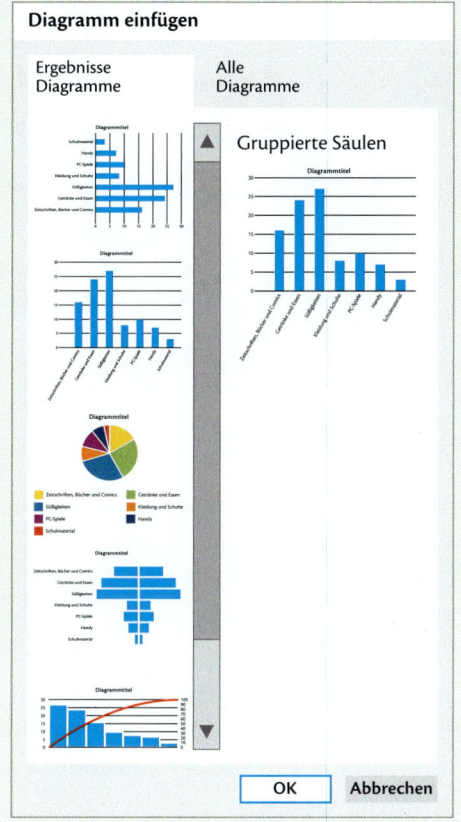

M3 Verschiedene grafische Darstellungen

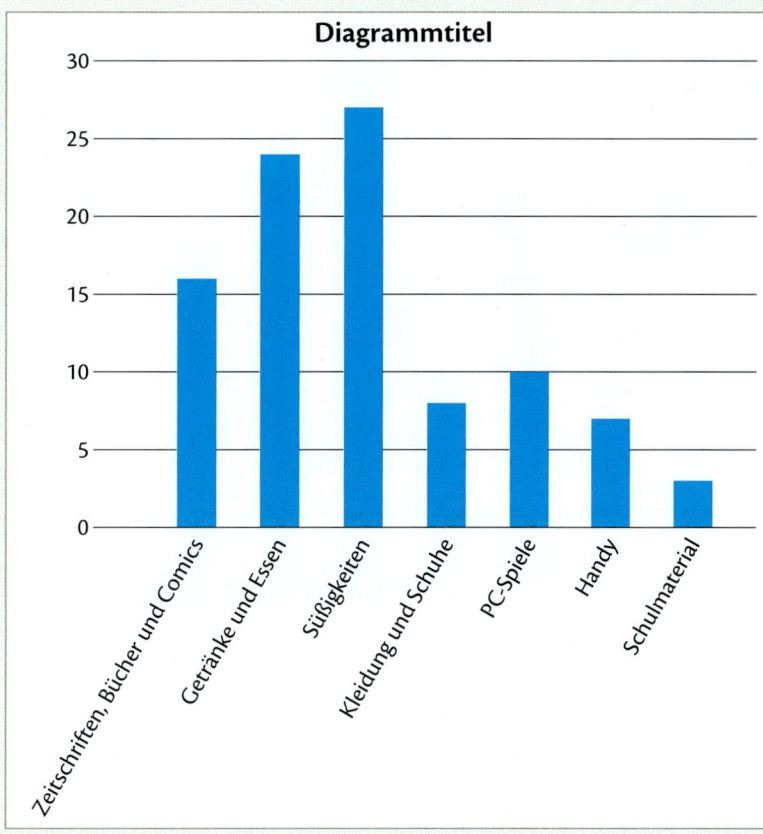

M4 Vom Computer erstelltes Balkendiagramm

3. Schritt: Eine geeignete Form wählen

Das Computerprogramm in unserem Beispiel ermöglicht eine grafische Umsetzung in verschiedenen Formen. Zur Verfügung stehen Linien, Kreise und andere Möglichkeiten. Die Entscheidung fiel auf die Darstellung der Zahlen in einem Balkendiagramm. Links im Balkendiagramm stehen Zahlen in Fünfer-Schritten, die den Häufigkeiten der Antworten entsprechen. „Süßigkeiten" wurden 27-mal genannt, „Getränke und Essen" 24-mal.

Umfangreichere Auswertungsprogramme

Über die Möglichkeit hinaus, Zahlenwerte grafisch darzustellen, gibt es eine Vielfalt an Auswertungsprogrammen mit weiteren Leistungen. Mit ihnen lassen sich beispielsweise Fragebogen erstellen, gestalten und drucken. Auch Online-Befragungen sind mit ihrer Hilfe möglich. Für Schüler und Studenten werden manchmal kostenlose Möglichkeiten zur Verfügung gestellt. Sie sollten vor Gebrauch allerdings genauestens unter die Lupe genommen werden. Am besten fragt ihr vor einem Einsatz eure Lehrkraft.

M1 Schlitten fahren – wenn möglich...

Endlich wieder Schnee

Larissa und Sofia sind traurig, dass sie nicht auch Schlitten fahren können. Sie besitzen nämlich keinen Schlitten. In diesen Tagen, nachdem endlich wieder einmal viel Schnee fiel, wäre es ein so großer Wunsch von ihnen.

Wem gehört der Schnee?

Wenn es schon nicht möglich ist, Schlitten zu fahren, lässt sich vielleicht noch etwas anderes aus der Situation machen. Der Schnee gehört schließlich auch ihnen – oder etwa nicht? Larissa und Sofia denken darüber nach, was allen Menschen gemeinsam gehört.

Freie Güter

In der Fachsprache wird Schnee zu den sogenannten „freien Gütern" gezählt. „Güter" sind Produkte* und Dienstleistungen, mit denen Menschen ihre Bedürfnisse befriedigen können. Da Schnee von niemandem hergestellt wird und in großen Mengen für jeden zur Verfügung steht, ist Schnee ein „freies Gut".

Knappe Güter

Alles, was nicht kostenlos und in großen Mengen für jeden vorhanden ist, wird in der Sprache der Wirtschaft als „knappes Gut" bezeichnet.

„Knapp" ist ein heute nicht mehr oft gebrauchtes Wort, das verwendet wird, wenn etwas begrenzt zur Verfügung steht. Auch solche Güter werden als „knapp" bezeichnet, die weltweit täglich in großer Zahl hergestellt werden – beispielsweise Brote.

Weniger verwirrend ist der modernere Begriff „wirtschaftliches Gut".

Alle Produkte und Dienstleistungen, für die etwas bezahlt werden muss, gehören zu den „wirtschaftlichen Gütern". Sie lassen sich aber auch als „knappe Güter" bezeichnen.

Lexikon
das **Produkt:** *ein Gegenstand oder eine Ware, die gekauft werden kann*

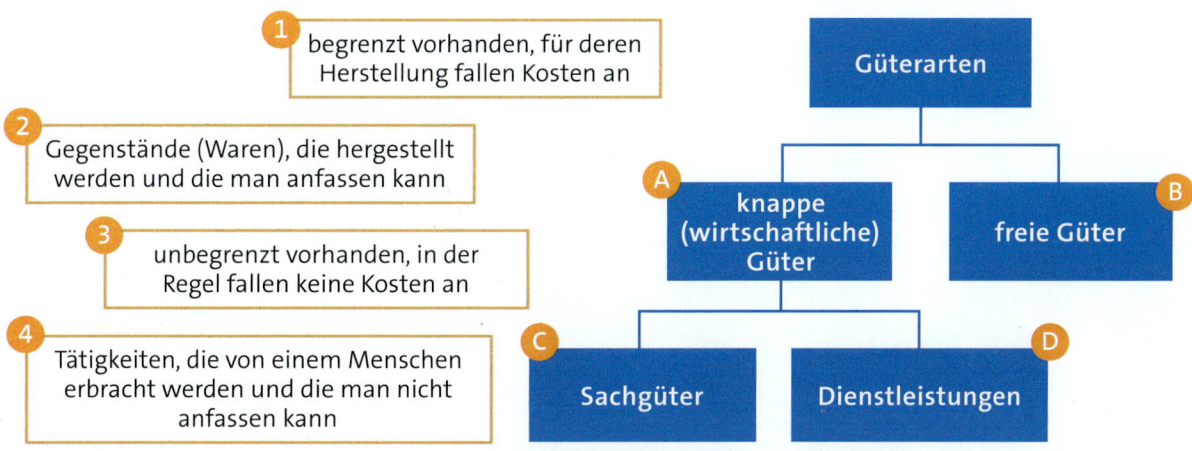

1 begrenzt vorhanden, für deren Herstellung fallen Kosten an

2 Gegenstände (Waren), die hergestellt werden und die man anfassen kann

3 unbegrenzt vorhanden, in der Regel fallen keine Kosten an

4 Tätigkeiten, die von einem Menschen erbracht werden und die man nicht anfassen kann

Güterarten

A knappe (wirtschaftliche) Güter

B freie Güter

C Sachgüter

D Dienstleistungen

M 2 Güterarten

M 3 Welche Art von Gütern?

1 Gib mit deinen Worten wieder, was unter „Gütern" verstanden wird.

2 Unterscheide „freie Güter" von „wirtschaftlichen Gütern".
Starthilfe „Freie Güter" sind... Unter „wirtschaftlichen Gütern" werden verstanden...

3 Erkläre, ob es einen Unterschied zwischen „freien Gütern" und „wirtschaftlichen Gütern" gibt.

4 Antworte auf die Frage in der Überschrift dieser Doppelseite.

5 Ordne in der Grafik **M 2** die vier Kästchen mit den Nummern 1 bis 4 jeweils einem der Kästchen zu, die mit A bis D gekennzeichnet sind. Begründe deine Zuordnung.

6 Betrachte **M 3**. Beschreibe zunächst kurz, was auf dem jeweiligen Foto zu erkennen ist. Lassen sich die sechs Fotos eindeutig zu den Begriffen „knappe Güter" und „freie Güter" zuordnen? Antworte mit Begründung.

Sprachspeicher
Güter erwerben...
Produkte erwerben...
eine Dienstleistung in Anspruch nehmen...
eine Dienstleistung anbieten...
einen Dienstleistungsberuf ausüben...
für eine Dienstleistung etwas bezahlen...

M1 Spielekonsole

Ein Problem an der Kasse

Marie ist 13 Jahre alt. Sie hat sich erspartes Geld eingesteckt und geht in ein Fachgeschäft, um sich eine Spielekonsole zu kaufen. Alles klappt problemlos. Sie ist auch über den günstigen Preis erfreut. Doch an der Kasse kommt es zu einem Problem. Die Kassiererin möchte ihr die Spielekonsole nicht verkaufen.

Taschengeldverwendung

Marie spricht mit einer Freundin über die Situation im Fachgeschäft. Sie fragen sich, wozu sie denn überhaupt ihr Taschengeld verwenden dürfen. Sie beschließen, mithilfe einer Internetsuche eine Antwort zu finden. Dabei stoßen sie auf das sogenannte „Bürgerliche Gesetzbuch", das auch als „BGB" abgekürzt wird. In Paragraph 110, der manchmal auch nicht ganz richtig als „Taschengeldparagraph" bezeichnet wird, gibt es Hinweise. Den Text finden sie allerdings zu schwierig, um ihn sofort zu verstehen.

Kaufvertrag und Geschäftsfähigkeit

Wenn Marie sich etwas von ihrem Taschengeld kauft, kommt immer ein Kaufvertrag zustande. Dieser Kaufvertrag ist allerdings nicht schriftlich. Bei größeren Verkäufen wie Autos werden schriftliche Kaufverträge

> Ich darf dir diese Ware leider nicht verkaufen, weil du noch nicht alt genug bist.

> Aber ich bin doch schon 13 Jahre alt und verwende hier mein Taschengeld.

> Trotzdem ist es nicht möglich. Minderjährige, also Kinder und Jugendliche vom siebenten bis zum 18. Lebensjahr sind nur beschränkt geschäftsfähig. Ohne die Zustimmung deiner Eltern darfst du keine größeren Einkäufe machen. Deine Eltern könnten die Ware jederzeit zurückbringen und das Geld zurückverlangen. Das wollen wir verhindern.

M2 Gespräch zwischen einer Kassiererin und Marie

angefertigt. Erst wer 18 Jahre alt und älter ist, darf größere Geldbeträge für Waren und Dienstleistungen ausgeben. Erwachsene sind „geschäftsfähig". „Beschränkt geschäftsfähig" sind Kinder und Jugendliche im Alter zwischen sieben und 17 Jahren. Sie dürfen nur kleinere Geldbeträge einsetzen. „Geschäftsunfähig" sind Kinder unter sieben Jahren. Sie dürfen nichts ohne Begleitung von Erwachsenen kaufen.

---

§ 110

Bewirken der Leistung mit eigenen Mitteln

Ein von dem Minderjährigen ohne Zustimmung des gesetzlichen Vertreters geschlossener Vertrag gilt als von Anfang an wirksam, wenn der Minderjährige die vertragsmäßige Leistung mit Mitteln bewirkt, die ihm zu diesem Zweck oder zu freier Verfügung von dem Vertreter oder mit dessen Zustimmung von einem Dritten überlassen worden sind.

M 3 Text aus dem Bürgerlichen Gesetzbuch

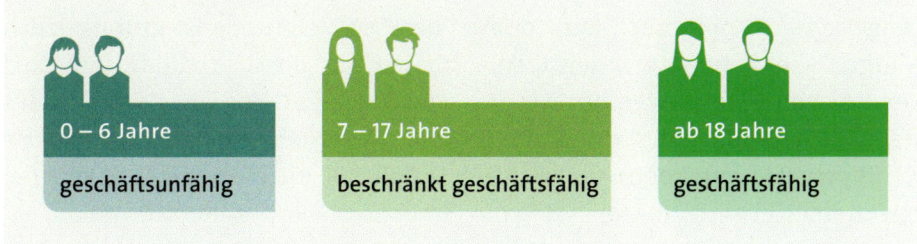

M 4 Von geschäftsunfähig bis geschäftsfähig

1 Fasse den Vorgang des versuchten Einkaufs, den Marie unternahm, mündlich zusammen.

2 Erkläre, was darunter verstanden wird, dass Marie nur „beschränkt geschäftsfähig" ist.
Starthilfe Marie ist „beschränkt geschäftsfähig", weil... Da Marie noch keine 18 Jahre alt ist, ...

3 Überlege dir, wie Marie an ihre Spielekonsole gelangen könnte. Stelle deine Idee deiner Klasse vor.

4 Unterscheide mündliche von schriftlichen Kaufverträgen.

5 Lest in Gruppen den Text **M 3**. Klärt in euren Gruppen zunächst unbekannte Wörter. Gebt den Text in euren Worten wieder.

6 Diskutiert miteinander, ob die gesetzliche Regelung wie in **M 4** dargestellt aus eurer Sicht berechtigt ist.

> Negar, schau doch mal, was der Kopfhörer hier alles kann. Und er ist auch nicht zu teuer. Super für deinen Geburtstag, oder?

> Nein, Papa. Ich muss den Sound-X-700 haben. Der YouTuber XY hat den auch. Och, bitte, bitte...

M1 Brauch ich das?

Der Neue ist da

Endlich, der Sound-X-700 ist da. Ob Musik, Gaming, Streaming oder Hörspiele: Der neue Sound-X-700 ist momentan in allen Bereichen der „angesagte" Kopfhörer auf dem Markt. Dabei kann er erst seit wenigen Wochen gekauft werden. Das erfreut die jugendlichen Fans, die den Kopfhörer teilweise schon vor Monaten herbeigesehnt hatten. Negars Wunsch ist also nachvollziehbar. Und das, obwohl erst kürzlich beim Testmagazin „Klang" herauskam, dass der Sound-X-700 insgesamt nicht besser ist als andere, teilweise deutlich preisgünstigere Kopfhörer. Bleibt Negar wohl bei ihrer Meinung?

Wie Werbung wirkt

Es gibt überall auf der Welt Firmen, die herausfinden möchten, wie sich ein neues Produkt besonders gut verkauft. Sie werden dafür von den Unternehmen bezahlt, die das Produkt herstellen. Diese sogenannten „Werbeagenturen" versuchen, einen Weg zu finden, mögliche Käuferinnen und Käufer so zu beeinflussen, dass sie das neue Produkt unbedingt haben wollen. Diese Käuferinnen und Käufer werden als „Zielgruppe" bezeichnet. Die Zielgruppe ist grundsätzlich bereit, für diese Produkte viel Geld auszugeben. Diese Bereitschaft ist für die Unternehmen wichtig, da sie möglichst viele Produkte verkaufen möchten. Werbeagenturen gehen dabei in mehreren Schritten vor.

M2 Werbeplakat

	Shinzu-V-10	Sound-X-700
Farbe(n)	weiß, schwarz, blau, lila, gold	matt schwarz
Gewicht	42 g	44 g
Akkulaufzeit	35 Std.	40 Std.
Aufladedauer	1 Std.	2 Std.
Mikrofon	✓	✓
Sprachsteuerung	✓	✓
Tragetasche	✗	✓
Preis	39,95 €	89,95 €
...		
	✓ = vorhanden	✗ = nicht vorhanden

M 3 Vergleich zweier Kopfhörer

Das Produkt benötigt einen Namen, der gut klingt und „im Ohr" bleibt. Häufig wird auch ein Slogan* zu einem Produkt verwendet. Beispielsweise: „Wer's hat, will's nicht mehr hergeben".

Meistens übernimmt eine berühmte Person die Werbung für das Produkt. Diese Person erhält dafür viel Geld. Ob die Person das Produkt tatsächlich gut findet und verwendet, bleibt ihr Geheimnis.

Die Werbung wird auf besonders geeigneten Wegen verbreitet – z. B. im Internet, im Fernsehen, in Zeitungen. Auch die Verpackung des Produkts sowie die Beschriftung und die Farben bleiben nicht dem Zufall überlassen.

Für das Produkt sollen aus Sicht der Herstellerfirma immer mehr neue Käufer gefunden werden. Durch eine Erweiterung der Zielgruppe lässt sich mehr Geld verdienen.

M 4 Vier Schritte der Werbung

1 Betrachte das Foto **M 1**. Vermute mit einer Begründung, ob Negar ihren Vater zum Kauf des Sound-X-700 überzeugen kann.

2 Vergleiche die Angaben zu den beiden Kopfhörern in der Tabelle **M 3**. Worin bestehen die Unterschiede? *Starthilfe Den Shinzu-V-10-Kopfhörer gibt es in den Farben... Der Sound-X-700- Kopfhörer ist nur in der Farbe...*

3 Stell dir vor, du solltest dich für einen der beiden Kopfhörer in **M 3** entscheiden. Welcher wäre es? Begründe. *Starthilfe Ich würde mich für den Shinzu-V-10-Kopfhörer entscheiden, weil... Meine Wahl fiele auf den Sound-X-700- Kopfhörer, denn...*

4 Berichte über die Arbeit von Werbeagenturen und über Zielgruppen.

5 Beschreibe das Werbeplakat **M 2**. Wie wirkt es auf dich?

6 Finde für jeden der vier Schritte der Werbung (**M 4**) ein Stichwort.

7 Applesoft möchte eine neue Spielekonsole auf den Markt bringen und benötigt Hilfe. Erstellt in Gruppen einen Plan, indem ihr auch die vier Schritte der Werbung (**M 4**) nutzt.

*Lexikon
der **Slogan**: ein Wort aus der englischen Sprache; ein Slogan ist eine kurze Formulierung, die gut im Gedächtnis bleibt und häufig in der Werbung, im Sport oder in der Politik verwendet wird.

M1 Modisch und schick

Das Problem mit den Marken

Für viele Kinder und Jugendliche ist besonders wichtig, von welcher Marke* ihre Kleidung stammt. Auch bei Smartphones sind besonders teure Modelle weit verbreitet. Nicht selten führt dies zu Problemen in der Schule. Viele Menschen möchten zu einer Gemeinschaft gehören und manche möchten zeigen, was sie sich leisten können.

Anbieter von Produkten nutzen solche Gegebenheiten. Oft werden schon nach wenigen Monaten neuere und meist auch teurere Produkte angeboten. So etwas kann auch zu Hause zu Streitigkeiten führen. Meist können Eltern gar nicht nachvollziehen, warum es schon wieder die neueste Ausgabe eines bestimmten Videospiels sein soll oder warum es ausgerechnet der teure Pullover mit einem bekannten Schriftzug sein muss.

Vor allem für Familien, die wenig Geld zur Verfügung haben, stellt diese Markenvorliebe ein großes Problem dar. Viele Schüler, die kein Geld für teure Markenkleidung haben, leiden unter der Vorstellung, dass sie nicht dazugehören könnten. Aber auch für die Eltern ist es schwierig, wenn sie ihren Kindern nicht immer die teuren Wünsche erfüllen können. Da ist Ärger vorauszusehen.

Die Macht der Werbung

Besondere Bekleidung, Technik, aber auch Pflegeprodukte oder Getränke vermitteln uns Menschen manchmal ein gutes Gefühl. Das fängt schon in der Kindheit an. Häufig gaukelt uns die Werbung vor, dass wir dazugehören, wenn wir die Kleidung bestimmter Hersteller tragen. In jungen Jahren sind es zum Beispiel besondere Sneaker*, später das neueste Smartphone und wenn wir erwachsen sind, das schicke Auto. Produkte, die uns dieses Gefühl vermitteln, nennt man auch „Statussymbole"*.

Auf Markenkleidung verzichten?

Immer wieder wird darüber diskutiert, ob Schuluniformen an deutschen Schulen eingeführt werden sollen oder nicht. In manchen Ländern wie Großbritannien oder Indien sind sie üblich. Ihre Befürworter behaupten, dass durch das Tragen einer Uniform niemand ausgegrenzt wird. Sicherlich wäre auch Amira nicht auf ihre Mutter sauer, wenn es an ihrer Schule eine Uniform gäbe. Ob damit jedoch wirklich Amiras Problem gelöst würde?

Schuluniform: ja oder nein?

Emil, 10 Jahre: Schuluniform? Ja klar, warum nicht? Mädchen tragen Röcke und Jungen tragen Hosen – wie die Kinder in unserem Englischbuch.

Wendy, 13 Jahre: Nein, auf gar keinen Fall. Ich finde es besser, meine eigenen Kleidungsstücke zu tragen. Uniformen machen alle Schüler gleich. Ich könnte dann meinen eigenen Stil nicht mehr zeigen.

Carl, 11 Jahre: Ich finde, wir sollten auf jeden Fall Mitspracherecht haben, wenn es um die Wahl einer Uniform geht. Dann könnte ich es mir vorstellen.

Nabil, 16 Jahre: Mir ist es egal. Wenn wir Schuluniformen hätten, würde ich sie wohl auch tragen. Sie müsste aber gut aussehen.

M3 Schuluniformen

M2 Meinungen zu Schuluniformen

Amira ist wütend. „Damit sehe ich doch total assi aus!", schreit sie ihre Mutter an. „Du bist schuld, dass ich in der Schule nicht zu den coolen Mädels gehöre." Sie rennt auf ihr Zimmer, knallt die Tür ins Schloss und wirft sich auf ihr Bett. Eigentlich wollte Amiras Mutter ihrer Tochter eine Freude machen. Beim Einkaufen entdeckte sie ein reduziertes T-Shirt in Amiras Lieblingsfarbe. Auch die Größe war die richtige. Die Marke war jedoch falsch.

M4 „So kann ich doch nicht rumlaufen!"

1 Betrachte das Foto **M1**. Wie wirkt es auf dich?

2 Nennt reihum Marken, die ihr kennt. Welche Gedanken verbindet ihr mit diesen Marken?

3 Für wen kann das Tragen von Markenkleidung eine Belastung darstellen? Nenne Beispiele. *Starthilfe* *Das Tragen von Markenkleidung kann zum Beispiel für Eltern mit wenig Geld eine Belastung darstellen, weil....*

4 Schau dir die Meinungen in **M2** an. Wem stimmst du zu, wem eher nicht? Begründe. *Starthilfe* *Ich würde eher... zustimmen, da .... Auf gar keinen Fall stimme ich ... zu, denn...*

5 Führt in eurer Schule eine Befragung zu den Themen „Markenkleidung" und „Schuluniform" durch. Wertet eure Ergebnisse aus und diskutiert sie in der Klasse.

6 Lies das Fallbeispiel zu Amira (**M4**). Was würdest du Amira sagen, was ihrer Mutter? Begründe deine Aussagen.

Das kann ich ...

M1 Wichtige Begriffe

- Bedürfnis
- Bedarf
- Funktionen des Geldes
- Bargeldlos bezahlen
- Kinderarbeit
- Güterarten

- Kaufvertrag
- Geschäftsfähigkeit
- Marke
- Werbung
- Statussymbol

Die wichtigen Begriffe in M1 helfen dir dabei, die Aufgaben auf der Seite 103 unten zu lösen. Nutze möglichst viele dieser Begriffe aus dem Kapitel 4 „Wirtschaft verstehen".

M2 Bedürfnisse

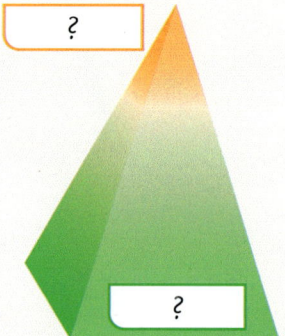

M3 Bedürfnispyramide

M4 Ein Bedürfnis?

M5 Wenn es kein Bargeld mehr gäbe,...

M6 Die drei Funktionen des Geldes

Bitte nicht ins Buch schreiben!

?	→	Geld wird für eine Ware oder eine Dienstleistung gezahlt.
?	→	Geld kann gespart und in einer Spardose aufbewahrt werden.
?	→	Hierdurch werden Waren und Dienstleistungen besser vergleichbar.

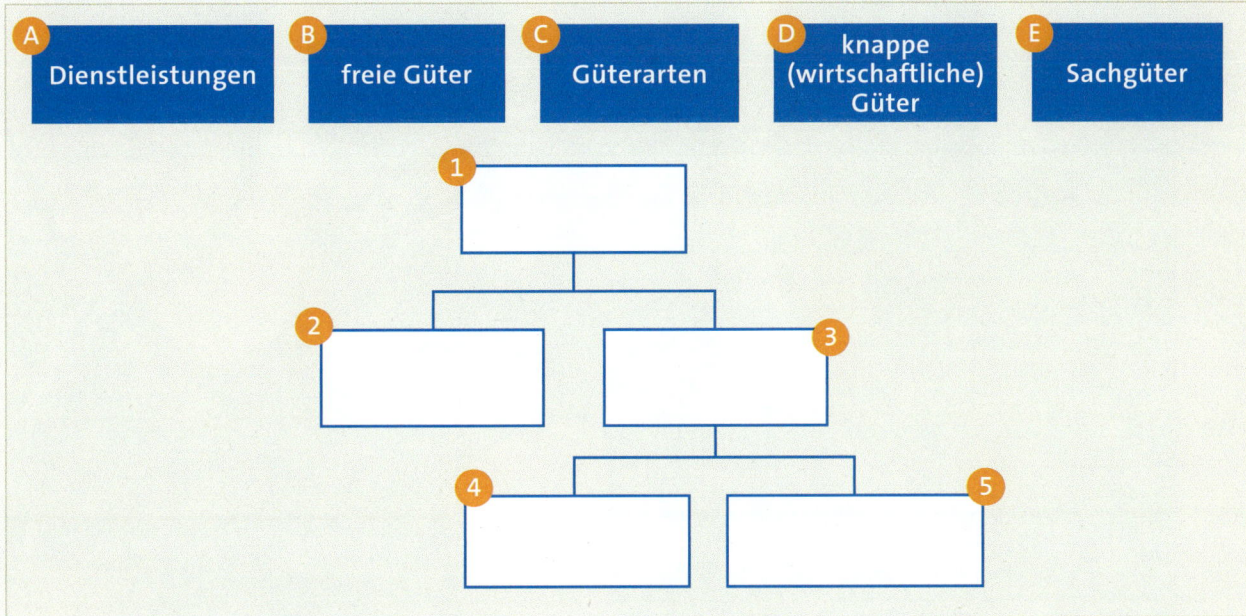

M7 Güterarten

§ 5 Verbot der Beschäftigung von Kindern

Kinder dürfen nicht mehr als zwei Stunden täglich, in landwirtschaftlichen Familienbetrieben nicht mehr als drei Stunden täglich, nicht zwischen 18 und 8 Uhr, nicht vor dem Schulunterricht und nicht während des Schulunterrichts beschäftigt werden.

M8 Aus dem Jugendarbeitsschutzgesetz

M9 In einem Fahrradladen

1 M2: Nenne fünf Bedürfnisse.
2 Betrachte M3. Hier fehlen zwei Begriffe. Um welche Begriffe handelt es sich?
3 Ordne die fünf Bedürfnisse aus der Aufgabe 1 in M3 ein.
4 Erkläre, ob M4 ein Bedürfnis darstellt.
5 Schreibe einen kurzen Text, der mit den Worten von M5 beginnt.
6 Nenne die drei Funktionen des Geldes, die in M6 noch ergänzt werden müssten.
7 Welches der Kästchen A bis E in M7 gehört zu welcher Zahl 1 bis 5 in der Grafik?
8 Lies den Text M8. Gib den Text anschließend mit deinen Worten wieder.
9 Denke dir eine kleine Geschichte zu M9 aus. Verwende für deine Geschichte möglichst viele Begriffe aus M1.
10 Stell dir vor, du hast 100 Euro gespart und möchtest dich neu einkleiden. Kaufst du dir eher viele verschiedene Anziehsachen oder nur wenige, dafür aber Markenware? Antworte mit Begründung.

KAPITEL 5

Wirtschaft und Umweltschutz

In diesem Kapitel lernst du etwas über die Chancen und Herausforderungen nachhaltigen Handelns:

- Warum soll ich Energie sparen?
- Was kann ich selbst dafür tun?
- Lässt sich die von mir verbrauchte Energie erneuern?
- Welche Arten der Landwirtschaft gibt es?
- Wodurch entsteht so viel Müll?
- Was kann ich tun, damit weniger Müll entsteht?

M1 Ausgedehntes Duschen

Immer unter Strom?

Elektrische Energie fließt durch das Stromnetz auch in unsere Häuser. Deswegen wird elektrische Energie oft auch mit dem Wort „Strom" bezeichnet. Strom nutzt jeder von uns täglich. Strom kostet Geld. Ein Drei-Personen-Haushalt in Deutschland gibt dafür im Durchschnitt etwa 75 Euro im Monat aus.

M2 Steckdosenleiste

Geld sparen

Ohne elektrische Energie ist unser Alltag kaum vorstellbar. Von der Beleuchtung über Computertechnik bis hin zum Kühlschrank – für alles benötigen wir Strom. Die Menge des Stromverbrauchs kann durch geschicktes Verhalten begrenzt werden.

Abschalten

Manche elektrischen Geräte sind nicht völlig abgeschaltet, wenn sie nicht verwendet werden. So kann beispielsweise der Bildschirm eines Fernsehers schwarz sein, dennoch verbraucht er Strom. Fachleute sprechen dann von einem „Stand-by-Betrieb". Hierdurch soll erreicht werden, dass ein Fernseher in kürzester Zeit wieder aktiviert werden kann. Alle „Stand-by-Betriebe" im Haushalt können ein Zehntel bis zu einem Fünftel der Stromkosten verursachen.

Heizen und Kochen mit Strom

Besonders viel Geld kostet das Heizen und Kochen mit elektrischer Energie. Auch hier haben die Verbraucher eine Möglichkeit, Geld zu sparen. Beheizte Räume sollen mit der sogenannten „Stoßlüftung" behandelt werden. Dazu wird kurze Zeit das Fenster weit geöffnet und sofort wieder verschlossen. Wenn ein Fenster dauerhaft auf „Kipp-Stellung" geöffnet ist, wird unnötig viel Heizenergie benötigt.

Für das Kochen wird von Energieberatern empfohlen, Töpfe mit Deckeln zu verwenden. Die Größe des Topfes soll mit der Größe der Heizplatte übereinstimmen. Bei elektrischen Kochöfen sollen die Töpfe einen flachen, nicht gewölbten Boden haben. So wird die Wärme am besten auf den Topf geleitet.

M 3 Kochtöpfe im Einsatz – Beispiele für schlechte Entscheidungen

M 4 Geld und elektrische Energie

M 5 Stand-by-Betrieb

1 Beschreibe das Foto **M 2**.

2 Fasse mündlich zusammen, wofür elektrische Energie benötigt wird.

3 Erläutere, wie durch richtiges Lüften Geld gespart werden kann.

4 Mache Vorschläge, wie du Energie sparen kannst. Verwende hierfür auch **M 1**, **M 2**, **M 3** und **M 5**. *Starthilfe Ich kann Energie sparen, wenn... Wenn ich „Stand-by-Betrieb" vermeide, ...*

5 Erkläre mithilfe von **M 3**, welche Fehler beim Kochen vermieden werden können. *Starthilfe Bei Nummer 1 ist der Topf zu groß für die Heizplatte, bei Nummer 2...*

6 Betrachte **M 4**: Welche Aussage wird hier mithilfe eines Fotos gemacht?

7 Beurteile und begründe, ob du das Foto **M 4** für geeignet hältst, um zum Energiesparen aufzufordern.

Lässt sich Energie erneuern?

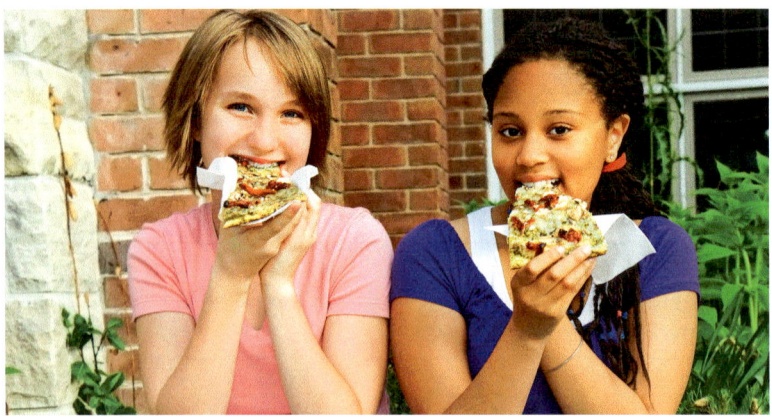

M1 Bereitstellung von Energie

Energie

Das Vorhandensein von Energie ist eine Voraussetzung, um eine Leistung erbringen zu können. Damit ein Mensch etwas leisten kann, muss er Energie in Form von Nahrung aufnehmen. Um elektrisch betriebene Geräte wie Computer und Waschmaschinen nutzen zu können, muss eine Stromversorgung vorhanden sein.

Formen der Energie

Energie wird in zwei Gruppen eingeteilt: fossile* Energie und erneuerbare Energie. Fossile Energieträger sind Kohle, Erdöl und Erdgas. Sie entstanden vor vielen Millionen Jahren und sind begrenzt verfügbar. Wenn fossile Energieträger verbraucht sind, können sie nicht mehr hergestellt werden. Anders ist es mit erneuerbaren Energien. Sie werden aus Windkraft, Wasserkraft sowie Sonnenlicht gewonnen und sind unbegrenzt verfügbar.

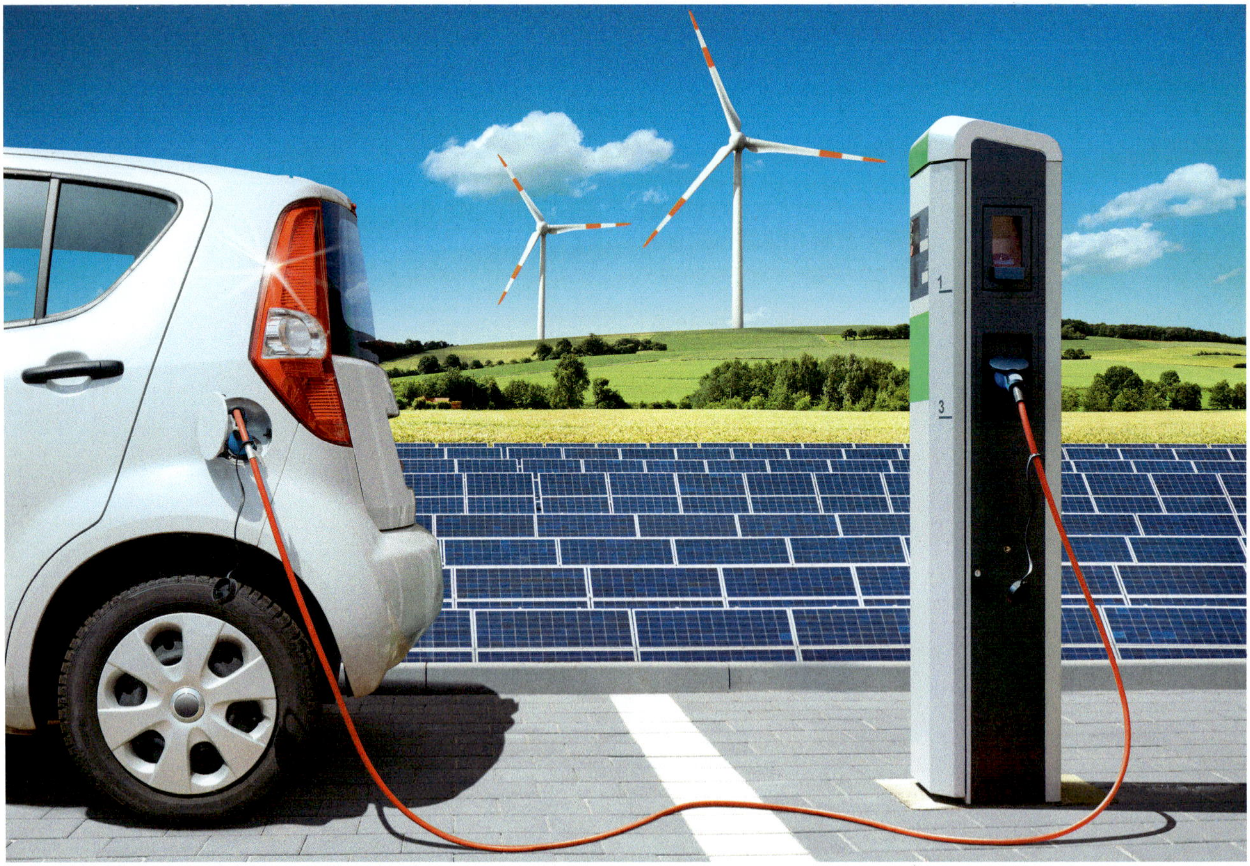

M2 Umweltfreundliche Tankstelle

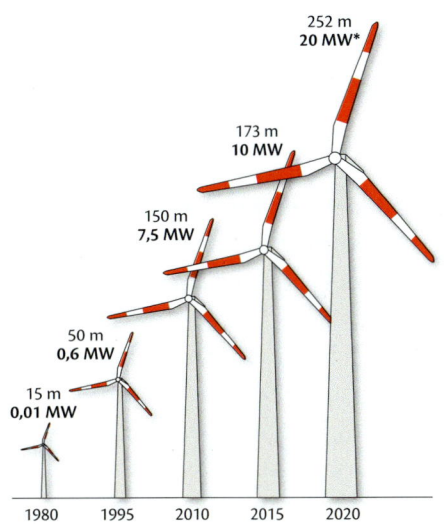

252 m 20 MW*				
	173 m 10 MW			
	150 m 7,5 MW			
50 m 0,6 MW				
15 m 0,01 MW				
1980	1995	2010	2015	2020

M 3 Windenergieanlagen

M 4 Immer größere Anlagen...

Nachhaltigkeit

Erneuerbare Energien werden auch als „nachhaltige Energien" bezeichnet. „Nachhaltigkeit" bedeutet, dass etwas nachwachsen oder sich immer wieder erholen kann. Obendrein sind nachhaltige Energien umweltfreundlich.

Probleme mit fossilen Energieträgern

Um aus Kohle, Erdöl oder Erdgas elektrische Energie zu gewinnen, müssen diese Stoffe verbrannt werden. Dadurch entstehen Verbrennungsgase.

Sie belasten die Umwelt stark. Insbesondere das Verbrennungsgas „Kohlenstoffdioxid" gilt als gefährlich, weil es zu einem Anstieg der Temperaturen auf der Erde führt. Hierdurch wird der Lebensraum für Menschen, Tiere und Pflanzen bedroht.

Autofahren – so der so?

Auch durch Autos mit Verbrennungsmotoren entstehen giftige Abgase. Umweltfreundlich hingegen fahren Autos, die mit erneuerbaren Energien betrieben werden.

1 Erkläre in eigenen Worten den Begriff „Energie".

2 Nenne die zwei Gruppen, in die Energie eingeteilt wird.

3 Erläutere die Idee der Nachhaltigkeit.

4 Berichte über die Probleme, die fossile Energieträger mit sich bringen.
Starthilfe *Fossile Energieträger sind problematisch, weil... Fossile Energieträger bringen Probleme mit sich, da... Fossile Energieträger sind mit Problemen behaftet, denn...*

5 Beschreibe **M 2** und stelle heraus, warum es sich um eine umweltfreundliche Tankstelle handelt.

6 Betrachte **M 3** und **M 4**. Halte einen kurzen Vortrag über die Entwicklung der Windenergieanlagen zwischen 1980 und 2020. *Starthilfe* *In den Jahren von 1980 bis 2020 haben sich Windenergieanlagen... Zwischen 1980 und 2020 sind Windenergieanlagen... Innerhalb von vierzig Jahren...*

Eine Solaranlage

Eine Familie mit zwei Kindern im Alter von zehn und elf Jahren bewohnt ein eigenes Haus. Alle Mitglieder der Familie sind umweltbewusst. Die Familie nahm auch schon gemeinsam an einer Protestaktion zum Umweltschutz teil.

Die Eltern freuen sich darauf, ihren Kindern ihre Entscheidung mitteilen zu können: Es wird eine Solaranlage angeschafft. Das kostet zwar viel Geld, nützt aber dem Umweltschutz. Die Urlaubsreise im Sommer muss wegen der hohen Kosten für die gesamte Familie ausfallen. Entschieden haben es so die Eltern.

M1 Ein Fallbeispiel

Entscheidungen bewerten

Manche Entscheidungen finden wir ungerecht. Zum Beispiel fragen wir uns: „Warum darf sie das und ich nicht?" oder: „Wieso hat er eine bessere Note als ich?" Um eine Entscheidung bewerten zu können, müssen wir zunächst wissen, wie sie zustande kam. Etwas zu verstehen, bedeutet jedoch noch nicht gleich, etwas auch gut zu finden.

1. Schritt: Beschreiben, worum es geht

Auf dieser Doppelseite wird in M1 beschrieben, worum es geht. Im Fallbeispiel werden nur wenige Informationen gegeben.

2. Schritt: Verstehen, welche Handlungsmöglichkeiten bestehen

Wenn die Eltern in unserem Beispiel entschieden haben, besteht eigentlich keine andere Handlungsmöglichkeit mehr. Oder doch? Noch ist vielleicht keine Solaranlage gekauft worden. Noch könnten die Kinder womöglich ihre Meinung äußern. Könnte sowohl eine Solaranlage gekauft als auch eine Urlaubsreise durchgeführt werden? Wie wäre es, wenn die Familie doch wenigstens eine kleine Urlaubsreise miteinander unternimmt? Die Familie könnte vielleicht Tagesausflüge machen. Sie sind jedoch nur in der näheren Umgebung möglich.

METHODE

3. Schritt: Eine Entscheidung bewerten

Oft gibt es verschiedene Entscheidungen, die ähnlich sorgfältig zustande kamen und deswegen auch gleich gut bewertet werden müssten. Im Grunde ist es so ähnlich, wie die Wahl einer Partei. Es gibt nicht die eine Partei, die allein recht hat, sondern unterschiedliche Parteien mit unterschiedlichen Ansichten.

Die Bewertung einer Entscheidung, die eine andere Person getroffen hat, ist oft schwierig. Es geht dabei nicht um die eigenen Gefühle, sondern um sachliche Argumente.

Hier wird noch einmal die Frage vom Beginn der Doppelseite aufgegriffen: „Wieso hat er eine bessere Note als ich?" Die Notengebung erfolgt manchmal – insbesondere im Unterrichtsfach „Mathematik" – mithilfe eines Punktesystems. Hat eine Schülerin die volle Punktzahl erreicht, bekommt sie für diese Leistung die Note „sehr gut". Bei weniger als der Hälfte der erreichbaren Punkte ist die Note

„mangelhaft". Hier fällt es nicht schwer, die Leistung nachvollziehbar zu bewerten.

In unserem Fallbeispiel mit der Solaranlage hingegen ist es nicht leicht, die Entscheidung der Eltern zu bewerten. Haben sie vor ihrer Entscheidung mit ihren Kindern geredet? Waren die Kinder einverstanden? Wurde auch darüber gesprochen, dass die Urlaubsreise ausfällt? Hat die Familie über die Entscheidung abgestimmt? Wurden dabei alle Stimmen gleich gewertet? Hilfreich zur Aufklärung von Sachverhalten sind vier Fragewörter.

M2 Bewertung einer Klassenarbeit

WER? Welche Personen waren an einer Entscheidung beteiligt?

WAS? Zu welchem Sachverhalt wurde eine Entscheidung getroffen?

WANN? Zu welchem Zeitpunkt wurde etwas entschieden?

WARUM? Wie wird die Entscheidung begründet? Hätte anders entschieden werden können? Hätte es andere Handlungsmöglichkeiten gegeben? Wenn ja, welche? Ist die Entscheidung für die Personen zumutbar, die sie betrifft? Ist die Entscheidung gerecht und gilt für alle in derselben Weise?

M3 Fragewörter zur Bewertung von Entscheidungen

M 1 Beispiele für aussortiertes Gemüse

Wie viele Lebensmittel landen in der Tonne?

Lebensmittel legen oft lange Wege bis zum Supermarkt zurück. Auf diesen Wegen gehen weltweit bereits ein Drittel der Lebensmittel verloren. Jährlich landen so fast unvorstellbar viele Lebensmittel im Müll, bevor sie überhaupt bei den Verbrauchern ankommen.

In Deutschland entstehen jährlich rund zwölf Millionen Tonnen an Lebensmittelabfällen. Gemüse, das nicht „normal" gewachsen ist, wird oft schon bei der Herstellung oder im Supermarkt aussortiert. Mehr als die Hälfte der Lebensmittelabfälle wird jedoch durch die Verbraucher selbst verursacht. Ungefähr 82 Kilogramm

Lebensmittel wirft jede Person durchschnittlich im Jahr in die Mülltonne. Der Wert der weggeworfenen Lebensmittel entspricht ungefähr 234 Euro pro Person.

Gründe für das Wegwerfen von Lebensmitteln

Lebensmittel sind heute fast immer und überall verfügbar. Viele Verbraucher wissen nicht mehr, woher die Lebensmittel kommen und wie viele Ressourcen★ für ihre Produktion benötigt werden. Einige Verbraucher gehen deshalb nicht sehr verantwortungsvoll mit Lebensmitteln um.

Folgen der Verschwendung

Für den Anbau, die Verarbeitung und den Transport von Lebensmitteln werden viele wichtige Ressourcen verbraucht. Das Wegwerfen hat zur Folge, dass mehr Ressourcen verbraucht werden, als eigentlich nötig wären. Das ist teuer und wirkt sich schlecht auf die Umwelt aus.

Außerdem hat jeder Mensch eine ethische★ Verpflichtung im Hinblick auf den Umgang mit Lebensmitteln. Weltweit hungern mehr als 820 Millionen Menschen. Wenn man zu Hause versucht, die Verschwendung von Lebensmitteln zu verhindern, kann dieses Verhalten dazu beitragen, dass der Preis für Lebensmittel in der Welt nicht weiter ansteigt.

Verschwendung verhindern

Jeder kann einen Beitrag dazu leisten, die Verschwendung zu verringern. Übergroße Einkaufsmengen sind der häufigste Grund für das Wegwerfen von Lebensmitteln. Eine gute Planung des Einkaufs kann dabei helfen, nur

---

M 2 Gründe für das Wegwerfen von Lebensmitteln

Lebensmittel werden weggeworfen, weil...
... zu viel eingekauft wurde.
... kein Überblick über die Vorräte besteht.
... das Mindesthaltbarkeitsdatum abgelaufen ist.
... Reste nicht verwertet werden.
... sie falsch gelagert wurden.
... sie verdorben sind.
... sie nicht schmecken.

das einzukaufen, was auch wirklich benötigt wird. Um zu vermeiden, dass die Lebensmittel bereits im Supermarkt aussortiert werden, sollte man beim Einkauf auch Produkte mit kleinen Mängeln kaufen. Hierzu zählt zum Beispiel Gemüse mit kleinen Macken oder Brot vom Vortag. Wenn die gekauften Produkte schnell verwertet werden, sollte man Produkte kaufen, bei denen das Mindesthaltbarkeitsdatum (MHD) bald erreicht ist.

Verbrauchsdatum

Das Verbrauchsdatum gibt an, bis zu welchem Tag ein Lebensmittel verbraucht werden muss. Danach darf das Lebensmittel nicht mehr gegessen werden, weil es gesundheitliche Probleme geben könnte.

Fischsalat

Fleischsalat

Ungeöffnet bei unter +2° C zu verbrauchen bis: **20.09.2021**

Mindesthaltbarkeitsdatum

Das Mindesthaltbarkeitsdatum – abgekürzt: „MHD" – gibt an, bis zu welchem Tag ein Lebensmittel unverändert und in Ordnung ist. Nachdem das MHD abgelaufen ist, können viele Lebensmittel noch gegessen werden. Dazu werden sie auf dreierlei Art und Weise geprüft.

Sehen **Riechen** **Schmecken**

Sieht das Lebensmittel noch gut aus, riecht es nicht unangenehm und schmeckt es weiterhin gut, dann kann es noch gegessen werden.

MILCH

Joghurt

Kühl und trocken lagern. Mindestens haltbar bis Ende: **12/2021**

M 3 Vergleich zwischen Verbrauchsdatum und Mindesthaltbarkeitsdatum

M 4 Weg damit!

1 Berichte darüber, wie Lebensmittelabfälle entstehen. *Starthilfe In Deutschland werden im Jahr rund zwölf Millionen Tonnen Lebensmittel weggeworfen...*

2 Nenne Gründe, warum das Gemüse in **M 1** deiner Meinung nach aussortiert wurde. *Starthilfe Ich bin der Meinung, dass das Gemüse aussortiert wurde, weil...*

3 Schreibe eine Woche lang auf, welche Lebensmittel bei euch zu Hause weggeworfen wurden. *Starthilfe Ich habe herausgefunden, dass...*

4 Lies die in **M 2** genannten Gründe für das Wegwerfen von Lebensmitteln. Bewerte die Begründungen mithilfe der Seiten 110/111. *Starthilfe Ich halte es nicht für vertretbar, wenn Lebensmittel weggeworfen werden, weil zu viel eingekauft wurde, denn...*

5 Erläutere die Folgen der Lebensmittelverschwendung.

6 Erkläre mithilfe von **M 3** den Unterschied zwischen „Verbrauchsdatum" und „Mindesthaltbarkeitsdatum". *Starthilfe Produkte, die das Verbrauchsdatum überschritten haben, sind...*

7 Stell dir vor, dass vor deinen Augen wie in **M 4** Lebensmittel weggeworfen würden. Was würdest du diese Person fragen?

M1 Jan-Hendrik im Supermarkt

M2 Bio-Siegel

gemischten Salat einzukaufen. So einfach wie gedacht ist die Aufgabe aber gar nicht. Die Auswahl im Supermarkt ist groß. Manche Lebensmittel sind gekennzeichnet mit dem Wort „bio". „Irgendwie sehen die doch alle gleich aus", denkt sich Jan-Hendrik. Wie kann es sein, dass alle unterschiedlich viel kosten? Was ist überhaupt „bio"? Jan-Hendrik nimmt sich vor, diese Fragen zu klären.

Was bedeutet „bio"?

In den letzten Jahren sind sogenannte „Bio-Produkte" immer beliebter geworden. Mit einem Bio-Siegel werden nur die Produkte gekennzeichnet, die durch ökologischen Landbau erzeugt werden. Der ökologische Landbau ist eine besondere Art der Landwirtschaft, die strenge Vorgaben erfüllen muss.

Gemüse kaufen

Jan-Hendrik steht vor dem Gemüseregal im Supermarkt und kann sich nicht entscheiden. Seine Mutter hat ihn gebeten, schnell etwas für den

M3 So arbeitet der ökologische Landbau

- Verzicht auf Pflanzenschutzmittel (z. B. Verzicht auf Gift gegen Schädlinge)
- Einsatz von natürlichem Dünger
- artgerechte* Tierhaltung
- Senkung des Energieverbrauches
- Schutz von Rohstoffen (z. B. Landflächen und Wasser)
- regelmäßige Kontrollen durch Prüfer

Nachhaltigkeit in der Landwirtschaft

Nachhaltigkeit in der Landwirtschaft bedeutet, dass Lebensmittel umweltfreundlich, zu angemessenen Preisen und unter guten Arbeitsbedingungen hergestellt werden. Eine nachhaltige Landwirtschaft geht schonend mit der Umwelt um. Die Erreichung dieses Ziels ist oft mit einem erhöhten Arbeitsaufwand und geringen Ernte-mengen verbunden. Aus diesem Grund sind nachhaltig produzierte Lebensmittel häufig teurer als andere Lebensmittel.

Soll ich „bio" kaufen oder nicht?

Trotz ihrer nachhaltigen Produktion stehen Bio-Produkte immer wieder in der Kritik. Wer durch seinen Einkauf

Nachhaltig klingt super. Ich möchte, dass Tiere artgerecht gehalten werden. Auch Umweltschutz ist mir wichtig.

Ich denke, dass durch die Bezeichnung „bio" die Lebensmittel nur künstlich teurer werden. Über dieses zusätzliche Geld freut sich der Supermarkt.

M4 Pierre (links), Daniel und Jan-Hendrik (rechts)

Sprachspeicher

nachhaltig produzieren...

mit einem Bio-Siegel gekennzeichnet sein...

ein Bio-Siegel tragen...

Bio-Produkte kaufen...

Bio-Produkte bevorzugen...

sich für Bio-Produkte entscheiden...

zum Schutz der Umwelt beitragen möchte, sollte auch bei Bio-Produkten genau hinsehen. Ihre Herstellung ist zwar umweltfreundlich, kommt die Bio-Tomate jedoch aus Spanien, fallen durch den längeren Transportweg mehr umweltschädliche Emissionen* an.

Wer besonderen Wert darauf legt, sich gesund zu ernähren, sollte unabhängig vom Bio-Siegel viel Obst und Gemüse essen. Bio-Produkte sind nicht unbedingt gesünder als andere Produkte.

Die höheren Preise ergeben sich bei Bio-Produkten dadurch, dass sie anders erzeugt werden. Bio-Produkte wachsen oft langsamer und können so mehr Nährstoffe aufnehmen.

Beim Einkauf sollte immer darauf geachtet werden, welches Bio-Siegel auf den Produkten angebracht ist. Die Bedingungen, um ein Bio-Siegel zu erhalten, sind unterschiedlich streng.

Lexikon

artgerecht: so nah wie möglich an der Natur und den Bedürfnissen der Tiere entsprechend

die **Emission**: umweltschädlicher Stoff, z.B. Autoabgase

1 Gib den Begriff „Bio-Produkt" mit deinen Worten wieder.

2 Erkläre den Begriff des ökologischen Landbaus mithilfe von **M3**. *Starthilfe Unter ökologischem Landbau versteht man...*

3 Erläutere den Begriff „Nachhaltigkeit". *Starthilfe Nachhaltigkeit bedeutet, dass... Ein Beispiel für Nachhaltigkeit ist...*

4 Lies die Sprechblasen in **M4**. Wer würde wohl Bio-Produkte kaufen? Antworte mit einer Begründung. *Starthilfe Pierre ist der Meinung, dass... Daniel findet...*

5 Berichte über „Bio-Siegel". Was unterscheidet Lebensmittel mit einem „Bio-Siegel" von einem Lebensmittel ohne „Bio-Siegel"?

6 Wir wissen nicht, ob Jan-Hendrik Bio-Produkte gekauft hat (**M1**). Wie könnte seine Entscheidung ausgefallen sein? Warum?

7 Recherchiere zum Begriff „Bio-Siegel". Präsentiere das Ergebnis deiner Klasse.

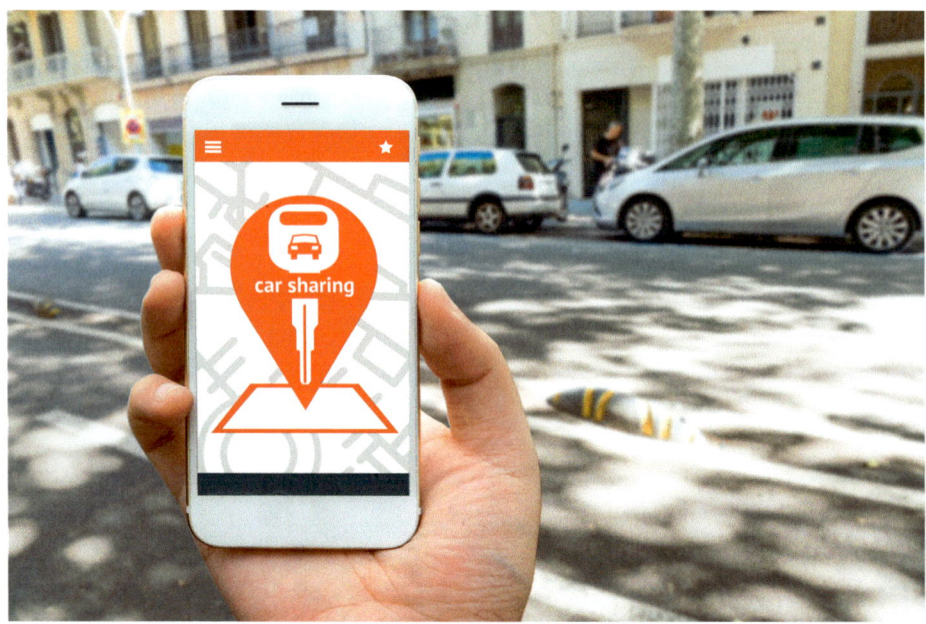

M1 Autos miteinander teilen

Fahren und parken

Ein Auto wird durchschnittlich nur eine Stunde am Tag bewegt. Somit steht es also 23 Stunden ungenutzt herum und blockiert insbesondere in unseren Städten wertvolle Flächen. Hier könnte es eine bessere Idee sein, wenn Autos miteinander geteilt werden. Das englische Wort hierfür heißt „Car-Sharing". Pro Stunde kostet ein solches Auto zwischen 4,80 Euro und 15,60 Euro, wenn es sich um einen Kleinwagen handelt. In Deutschland wurden zu Beginn des Jahres 2020 rund 2,3 Millionen Personen als Car-Sharing-Kunden gezählt. Das Angebot besteht in 840 Gemeinden und Städten.

Kaufen oder tauschen?

Nicht alles, was du haben oder benutzen möchtest, musst du kaufen. Du kannst beispielsweise ein Brettspiel von einer anderen Person für einen Spieleabend ausleihen und anschließend wieder zurückgeben. Willst du das Brettspiel öfter einsetzen, wäre zu überlegen, ob du es nicht gegen etwas anderes tauschen könntest.

Tauschringe

In Deutschland gibt es in manchen Gemeinden und Städten sogenannte „Tauschringe". Inzwischen wurden mehrere Hundert Tauschringe eingerichtet. Hier kommen Menschen miteinander in Kontakt, die Gegenstände tauschen möchten oder ihre Arbeitskraft anbieten. Ein besonderes Merkmal dieser Tauschringe ist, dass hier kein Geld zum Einsatz kommt. Tauschringe funktionieren wie eine erweiterte Nachbarschaftshilfe. Es gilt das „Prinzip* der Gegenseitigkeit".

*Lexikon
*das **Prinzip:** eine Idee, die einer Sache zugrunde liegt; eine Gesetzmäßigkeit

M 2 Tauschring-Angebote

1. Erkläre in eigenen Worten den Begriff „Car-Sharing".
2. Nenne Vorteile und Nachteile des Car-Sharings.
   Starthilfe Car-Sharing spart Kosten... Es entlastet öffentliche Verkehrsflächen...
3. Erläutere die Idee eines Tauschrings. Nutze hierfür auch **M 2**.
   Starthilfe Bei einem Tauschring wird ohne den Einsatz von Geld... Jeder kann in einen Tauschring etwas einbringen, beispielsweise...
4. Beurteile: Welche Sachen oder Tätigkeiten könntest du teilen oder mit anderen gemeinsam nutzen? Begründe deine Antwort.
5. Finde mithilfe des Internets heraus, ob es Tauschringe auch in deiner Gemeinde gibt. Wie gehst du bei der Suche vor?
   Starthilfe Um festzustellen, ob es in meiner Gemeinde einen Tauschring gibt, ...
6. Denke dir eine Werbung für einen Tauschring aus. Welche Informationen und Argumente würdest du nutzen?
7. Nimm begründet Stellung zu der Frage, ob Tauschringe die Umwelt schützen.
   Starthilfe Meiner Meinung nach schützen Tauschringe die Umwelt, weil... Ich sehe eine die Umwelt schützende Wirkung bei Tauschringen, da...

M1 In einem Repair-Café*

Das funktioniert nicht mehr

Beim Versuch, die Zimmerbeleuchtung einzuschalten, bleibt es dunkel. Das Leuchtmittel ist defekt. Wohl niemand käme auf die Idee, ein Leuchtmittel reparieren zu wollen. Wenn hingegen ein Auto nicht mehr fährt, würde nicht ohne Weiteres ein neues Auto gekauft, oder?

Reparieren statt wegwerfen

Mithilfe von Reparaturen werden zugleich der eigene Geldbeutel und die Umwelt geschont. Voraussetzung dafür ist allerdings, dass ein Gegenstand repariert werden kann. Einige billige technische Geräte sind so gebaut, dass sie nicht aufgeschraubt werden können. Anbieter solcher Waren möchten nicht reparieren, sondern immer wieder etwas Neues verkaufen.

Reparieren in einem Café?

In zahlreichen Städten und Gemeinden wurden sogenannte „Repair-Cafés" oder „Reparatur-Treffpunkte" eingerichtet. Gegenwärtig sind es schon mehr als 500. Die Idee dahinter ist: Menschen treffen einander, reparieren etwas oder lassen etwas reparieren – und obendrein gibt es Kaffee und Kuchen.

Das Mitmachen in einem Repair-Café erfolgt ehrenamtlich. Das bedeutet, dass niemand Geld für seine Tätigkeit erhält. Hier sind Fähigkeiten und Freundlichkeit gefragt. Wer handwerklich begabt ist, lässt sich

*Lexikon

das **Repair-Café:**
Der Begriff „Repair" kommt aus der englischen Sprache und bedeutet „reparieren"; ausgesprochen wird das Wort ungefähr so: *rie-pär.*

M2 Zerlegung und Reparatur eines Handys

beim Reparieren auch über die Schulter schauen. So kann jeder etwas von einem anderen lernen. In einigen Repair-Cafés kann Werkzeug ausgeliehen werden. Auf diese Weise lassen sich Reparaturen zu Hause durchführen.

Vorsicht

Nicht alles lässt sich reparieren. Insbesondere sollten elektrisch betriebene Geräte nicht ohne genaueste Kenntnisse und Vorsichtsmaßnahmen aufgeschraubt werden. So etwas gehört in die Hände von Profis.

1 Gib mit deinen Worten wieder, wann es sich lohnt, etwas zu reparieren.

2 Nenne zwei Beispiele, was ohne Gefahr repariert werden kann.

3 Stelle in einem kurzen mündlichen Vortrag dar, wie die Umwelt durch Reparaturen geschont werden kann. *Starthilfe Reparaturen sind umweltfreundlich, weil... Wenn ich etwas repariere, helfe ich der Umwelt, da...*

4 Erläutere, warum Anbieter bestimmter Waren kein Interesse daran haben, etwas zu reparieren. *Starthilfe Für einen Anbieter ist es interessanter, ... Infolge einer Reparatur hat ein Anbieter...*

5 Berichte über die Idee, die hinter dem Begriff „Repair-Café" steckt.

6 Bewerte die Idee der „Repair-Cafés". Würdest du gern dabei sein?
Starthilfe Ich halte die Idee der „Repair-Cafés" für gut... Ich finde die Idee der „Repair-Cafés" weniger gut... Meiner Meinung nach sind „Repair-Cafés" gut geeignet, um...

7 Diskutiert miteinander darüber, was gegen das Reparieren sprechen könnte.

Wie viel Müll entsteht durch mein Verhalten?

Prima. So lange Müll entsteht, habe ich immer etwas zu tun.

M 1 Ein Müllentsorger bei der Arbeit

Müll

Pro Jahr entstehen in Deutschland pro Person rund 450 Kilogramm Müll. Solche Müllmengen bringen verschiedene Probleme mit sich.

In jedem Müll stecken Rohstoffe*, die für die Herstellung des weggeworfenen Produktes eingesetzt wurden. Diese Rohstoffe wiederzuverwenden, ist sehr aufwendig. Außerdem entstehen bei der Verbrennung von Müll giftige Gase. Durch sie wird die Umwelt stark belastet.

Umgang mit Müll

In Deutschland sollen die Verschwendung von Rohstoffen und die Umweltbelastung vermieden werden. Am besten ist es, wenn Müll vermieden wird. Um dies zu erreichen, sollten beispielsweise Mehrwegflaschen statt Einwegflaschen verwendet werden. Auch sollten ausschließlich die Lebensmittel eingekauft werden, die auch tatsächlich verbraucht werden können.

Wurde doch mal etwas gekauft, was nicht mehr benötigt wird, sollte es nicht sofort weggeworfen werden. Stattdessen kann man versuchen, es zu verschenken, zu verkaufen oder weiterzugeben. Dasselbe gilt auch für Elektrogeräte, die nicht mehr funktionieren. Vor dem Wegwerfen sollte immer erst überprüft werden, ob etwas nicht doch repariert werden kann.

Ist eine Reparatur nicht möglich, wäre Recycling* eine Lösung. Für das Recycling ist es wichtig, dass der Müll im Haushalt sorgfältig getrennt wird.

---

*Lexikon

der **Rohstoff:** *Grundstoff, der für die Herstellung eines Produkts benötigt wird (z. B. Holz)*

das **Recycling:** *Wiederverwertung und neuer Einsatz, sodass kein zusätzlicher Müll entsteht*

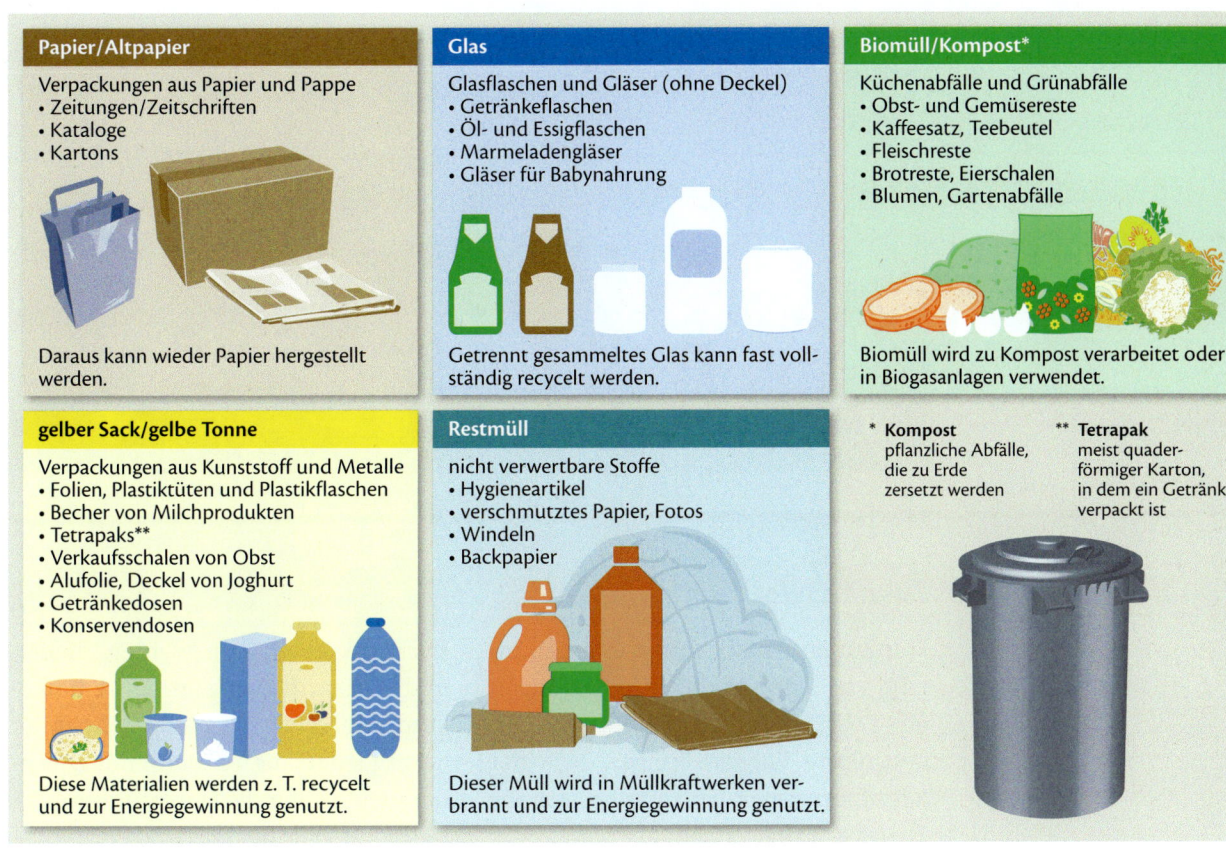

Papier/Altpapier

Verpackungen aus Papier und Pappe
- Zeitungen/Zeitschriften
- Kataloge
- Kartons

Daraus kann wieder Papier hergestellt werden.

Glas

Glasflaschen und Gläser (ohne Deckel)
- Getränkeflaschen
- Öl- und Essigflaschen
- Marmeladengläser
- Gläser für Babynahrung

Getrennt gesammeltes Glas kann fast vollständig recycelt werden.

Biomüll/Kompost*

Küchenabfälle und Grünabfälle
- Obst- und Gemüsereste
- Kaffeesatz, Teebeutel
- Fleischreste
- Brotreste, Eierschalen
- Blumen, Gartenabfälle

Biomüll wird zu Kompost verarbeitet oder in Biogasanlagen verwendet.

gelber Sack/gelbe Tonne

Verpackungen aus Kunststoff und Metalle
- Folien, Plastiktüten und Plastikflaschen
- Becher von Milchprodukten
- Tetrapaks**
- Verkaufsschalen von Obst
- Alufolie, Deckel von Joghurt
- Getränkedosen
- Konservendosen

Diese Materialien werden z. T. recycelt und zur Energiegewinnung genutzt.

Restmüll

nicht verwertbare Stoffe
- Hygieneartikel
- verschmutztes Papier, Fotos
- Windeln
- Backpapier

Dieser Müll wird in Müllkraftwerken verbrannt und zur Energiegewinnung genutzt.

* **Kompost**
pflanzliche Abfälle, die zu Erde zersetzt werden

** **Tetrapak**
meist quaderförmiger Karton, in dem ein Getränk verpackt ist

M2 Arten der Mülltrennung

1 Erkläre, welche Probleme eine hohe Produktion an Müll mit sich bringt.
Starthilfe Eine hohe Menge an Müll bringt zwei Probleme mit sich. Ein Problem ist...

2 Beschreibe, wie in Deutschland mit Müll umgegangen wird.
Starthilfe In Deutschland wird versucht Müll zu vermeiden. Wenn das nicht möglich ist, ...

3 Benenne Beispiele dafür, was du tun kannst, um etwas gegen das Müllproblem zu unternehmen.
Starthilfe Ich könnte im Supermarkt darauf achten, nur unverpacktes Gemüse zu kaufen. Außerdem könnte ich...

4 Analysiere das Schaubild **M2** und stelle dar, welche Arten von Mülltrennung es gibt und was dabei zu beachten ist.
*Starthilfe Auf dem Schaubild **M2** werden verschiedene Arten von Mülltrennung dargestellt. Bei der Mülltrennung ist zu beachten, dass...*

5 Nimm begründet Stellung zu der Aussage des Müllentsorgers in **M1**.
Starthilfe Der Müllentsorger ist der Meinung, dass die Entstehung von Müll gut ist. Ich bin der Meinung, dass...

Sprachspeicher

Müll wird erzeugt...
Müll entsteht durch...
Müll fällt an...
Müll wird entsorgt...
Müllentsorgung...
Müll wird beseitigt...
Die Müllentsorgung kümmert sich um...
Müll wird getrennt...
Müll wird recycelt...
Eine Mülltrennung wird vorgenommen...
Restmüll wird verbrannt...

METHODE

M1 Umweltschutz

Zukunftswerkstatt

Eine Zukunftswerkstatt ist eine Sammlung von Ideen und Problemlösungen einer größeren Personengruppe für bestimmte Fragestellungen. Wie der Begriff erkennen lässt, geht es um die Zukunft. Dabei spielt aber auch die Vergangenheit eine Rolle, weil sie zunächst betrachtet und ausgewertet wird. Die Erkenntnisse, die aus einem Rückblick gewonnen werden, fließen in die Zukunftswerkstatt ein. Eine Zukunftswerkstatt ist in drei Abschnitte untergliedert, die als „Phasen" bezeichnet werden. Für die Durchführung der Methode sollte ausreichend Zeit eingeplant werden. Die Zukunftswerkstatt eignet sich gut für ein fächerübergreifendes und mehrtägiges Projekt.

1. Schritt: Die Kritikphase

In der ersten Phase wird die folgende Frage gestellt: „Was gefällt uns nicht?" Im Zusammenhang mit eurer Zukunft auf der Erde kann die Frage noch ausführlicher formuliert werden: „Wenn ihr an die Zukunft des Planeten Erde und damit an eure eigene Zukunft denkt – welche Befürchtungen habt ihr dann, worüber werdet ihr vielleicht sogar wütend?" Auf kleinen Papierstreifen schreibt jeder etwas nur in kurzen Worten auf. Jeder legt seinen beschrifteten Papierstreifen in die Mitte des Raums. Diskutiert wird in dieser Phase nicht – nur gesammelt.

2. Schritt: Die Fantasiephase

In der Fantasiephase geht es darum, aus der Kritik oder bei unserem Beispiel aus den Befürchtungen und der Wut der ersten Phase etwas Vorteilhaftes – oder auch etwas „Positives" – zu machen. Hier werden Wünsche und Ziele ausgedacht. In der zweiten Phase wird die folgende Aufgabe gestellt: „Stell dir mal vor, wie schön es wäre, wenn…"

Jetzt sind dies die Spielregeln: Kritik ist streng verboten. Keine Äußerung darf abfällig kommentiert werden. Alles ist möglich. Es gibt keinerlei Einschränkungen. Du hast alles Geld, alle Macht und alle technischen Möglichkeiten, um deine Träume und Fantasien zu verwirklichen.

Du sollst deine Vorstellungen von der idealen Zukunft möglichst deutlich formulieren. Wenn du es möchtest, kannst du auch etwas darstellen. Das kann ein von dir selbst gemaltes Bild sein, aber auch eine eigene Collage oder ein Gedicht oder eine schauspielerische Darbietung.

3. Schritt: Verwirklichungsphase

Hier geht es um diese Fragen: Können wir nicht doch etwas Sinnvolles tun? Was können wir machen? Wie können wir es machen? Wollen wir etwas ändern?
Nun gelten diese Spielregeln: Jeder findet für sich ein eigenes „kleines"

Ziel. Es sollte etwas sein, wo du selbst aktiv werden kannst – beispielsweise in der Schule, zu Hause, im Verein...
Darüber hinaus soll weitergedacht werden: Wer könnte helfen? Wie kann man Geld beschaffen? Wo ist mit Widerstand zu rechnen?

M 2 Grüne Energie

M 3 Energieeinsparung durch...

M 4 Frische Lebensmittel aus der Umgebung...

M1 Wichtige Begriffe

- fossile Energie
- erneuerbare Energie
- Nachhaltigkeit
- Ressourcen
- ethische Verantwortung

- Prinzip der Gegenseitigkeit
- Tauschen
- Reparieren
- Recycling

Die wichtigen Begriffe in M1 helfen dir dabei, die Aufgaben auf der Seite 125 unten zu lösen. Nutze möglichst viele Begriffe aus dem Kapitel 5 „Wirtschaft, und Umweltschutz".

M2 Stromverbraucher im Haushalt

M3 Windkraft? Nein danke.

M4 Ist so etwas nötig?

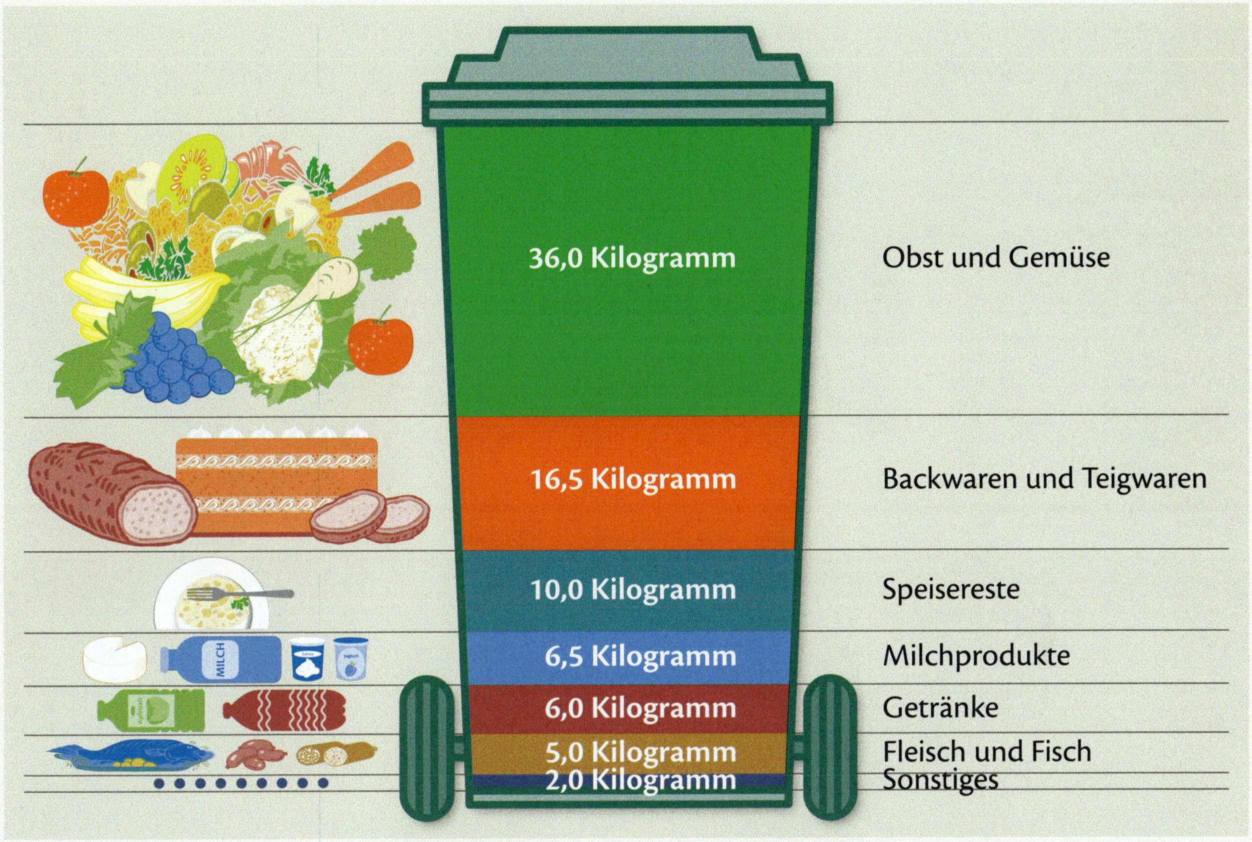

36,0 Kilogramm	Obst und Gemüse
16,5 Kilogramm	Backwaren und Teigwaren
10,0 Kilogramm	Speisereste
6,5 Kilogramm	Milchprodukte
6,0 Kilogramm	Getränke
5,0 Kilogramm	Fleisch und Fisch
2,0 Kilogramm	Sonstiges

M5 82 Kilogramm Lebensmittelabfälle jährlich in privaten Haushalten in Deutschland

M6 Umweltschutz?

1 Betrachte das Foto **M2**. Was kann die Frau auf dem Foto tun, um Energie zu sparen?

2 Erkläre den Unterschied zwischen fossilen und erneuerbaren Energien.

3 Erläutere, warum manche Menschen gegen Windkraftanlagen sind (**M3**).

4 Beantworte ausführlich die Frage unter dem Foto **M4**.

5 Werte **M5** aus. Welche Lebensmittel werden am meisten weggeworfen? Was kannst du dagegen tun?

6 Erläutere den Begriff „Nachhaltigkeit" an einem Beispiel.

7 Sieh dir die drei Fotos in **M6** an. Bewerte für jedes Foto, ob und wie die Umwelt geschützt wird.

Kinder der Welt

In diesem Kapitel lernst du etwas über die Lebenssituationen von Kindern auf der ganzen Erde:

- *Warum sind manche Kinder arm?*
- *Wie kann man Armut überwinden?*
- *Welche Bedeutung hat Bildung für die Bekämpfung von Armut?*

Wie viele Kinder gibt es auf der Erde?

M1 Kinder der Erde

Kinder der Erde

In den letzten siebzig Jahren hat sich die Weltbevölkerung* mehr als verdreifacht. Gegenwärtig leben nahezu acht Milliarden Menschen auf der Erde. Fast zwei Milliarden von ihnen sind Kinder – also Menschen in einem Alter bis zu 15 Jahre. Die meisten Kinder leben in Asien.

*Lexikon
die **Weltbevölkerung:** die gesamte Anzahl der Menschen, die auf der Erde leben

Anzahl von Geburten

In einigen afrikanischen Ländern wie Angola, Niger, Mali, Uganda und Sambia besteht die Hälfte oder nahezu die Hälfte der Bevölkerung aus Kindern. In diesen Ländern werden je 1000 Einwohner ungefähr 44 Kinder im Jahr geboren. Es sterben jedoch auch zahlreiche Kinder in den ersten fünf Jahren infolge tödlicher Erkrankungen. In Deutschland werden etwas weniger als zehn Kinder je 1000 Einwohner jährlich geboren.

Schulbesuche

Die Weltbevölkerung wächst insbesondere in ärmeren Ländern der Erde. Hier gibt es viele Kinder, weil sie zu einer besseren Versorgung der Familien beitragen sollen.

Da zahlreiche Kinder in ärmeren Ländern arbeiten, können sie nicht zur Schule gehen – sofern es überhaupt eine Schule an ihrem Wohnort gibt. Mädchen besuchen seltener eine Schule als Jungen, denn sie werden früh verheiratet oder müssen in den Haushalten helfen.

*Lexikon
die **Geburtenrate:** Anzahl der Geburten je 1000 Einwohner

M2 Geburtenraten * im Vergleich		
Land	Geburtenrate	Rang
Angola	44,3	1
Niger	44,2	2
Mali	43,9	3
Uganda	42,9	4
Sambia	41,5	5
Deutschland	8,6	213
Puerto Rico	8,1	222
Japan	7,7	223
Andorra	7,5	224
St. Pierre und Miquelon	7,1	225
Monaco	6,6	226

M 3 Mithilfe von Kindern im landwirtschaftlichen Bereich

M 4 Schwestern einer Familie aus Niger

M 5 Eltern in Puerto Rico mit ihrem Kind

1. Fasse mündlich zusammen, wo auf der Erde die meisten Kinder leben.

2. Erkläre die Tabelle **M 2**. Finde für jedes Land heraus, auf welchem Erdteil es liegt. *Starthilfe In der Tabelle* **M 2** *sind die Länder der Erde aufgelistet. An der ersten Stelle steht Angola, das Land, in dem...*

3. Betrachte die Fotos in **M 3**. Erläutere, wie diese Fotos mit dem Thema „Schulbesuch" in Verbindung stehen. *Starthilfe Auf den Fotos* **M 3** *sind ... zu sehen... Im Zusammenhang mit dem Thema „Schulbesuch" bedeutet das, dass...*

4. Erläutere, warum in einigen Ländern weniger Mädchen als Jungen die Schule besuchen. *Starthilfe In einigen Ländern besuchen weniger Mädchen als Jungen die Schule, weil...*

5. Begründe, warum eine hohe Kinderzahl in ärmeren Ländern den Familien eine bessere Versorgung ermöglichen soll. *Starthilfe Infolge einer hohen Kinderzahl hoffen die Familien, dass... Familien mit vielen Kindern soll eine bessere Versorgung möglich sein, weil... Eine Familie mit mehreren Kindern kann...*

6. Stelle die Fotos **M 4** und **M 5** in Zusammenhang mit der Tabelle **M 2**. *Starthilfe Auf dem Foto* **M 4** *sind fünf Schwestern einer Familie aus Niger zu sehen. In Niger gibt es eine hohe Geburtenrate. Das Foto* **M 4** *ist deswegen...*

7. Erläutere, warum vor siebzig Jahren weniger Menschen lebten als heute. *Starthilfe Vor siebzig Jahren waren die Bedingungen auf der Erde in vielen Ländern noch... Die Weltbevölkerung vor siebzig Jahren war vermutlich deswegen geringer, weil...*

M 1 Viele Köpfe, viele Ideen… Lernplakate entstehen

Lernplakate

Lernplakate sind große übersichtliche Darstellungen, die aus Fotos, Bildern, Grafiken und kurzen Texten bestehen können. Lernplakate enthalten wenige, aber wichtige Informationen, die schnell zu erkennen sind. Dadurch lassen sich die Inhalte der Lernplakate gut im Gedächtnis speichern.

1. Schritt: Entwurf

Bevor ein großes Lernplakat entsteht, ist ein Entwurf auf einem Blatt Papier hilfreich. Mit einem Bleistift könnt ihr zunächst etwas skizzieren und wenn nötig wieder ausradieren. Der Entwurf sollte bereits im Groben erkennen lassen, wo später welches Material platziert wird.

2. Schritt: Material

Beschafft euch großes Papier – beispielsweise geeignete Rückseiten einer Tapete. Außerdem benötigt ihr Scheren, Klebstoff und Stifte. Je nach Thema kommen geeignete Fotos und Grafiken hinzu.

3. Schritt: Gestaltung

Legt euer Material zunächst nur lose auf eure leeren Plakate. Wenn alle Materialien für das Lernplakat an der richtigen Stelle liegen, kann festgeklebt werden. Texte können direkt von Hand auf das Plakat geschrieben oder ausgedruckt und aufgeklebt werden.

M 2 Tipps für die Gestaltung von Lernplakaten

M1 Momentaufnahmen

Lebenssituationen von Kindern

Kinder auf der gesamten Erde haben vieles gemeinsam. Sie spielen und lernen, sie erleben angenehme und unangenehme Situationen. Sie haben ähnliche Wünsche und Hoffnungen, jedoch sind ihre Lebenssituationen nicht immer gleich.

In armen Ländern leben viele Kinder unter schwierigeren Bedingungen als in reicheren Ländern. Aber auch innerhalb eines Landes unterscheiden sich die Situationen abhängig davon, ob die Kinder in einer Großstadt oder in einem Dorf leben.

M2 Bogota – die Hauptstadt Kolumbiens

M3 In einem Dorf in Kolumbien

Leben in Dörfern und Städten

Das Leben in einem Dorf unterscheidet sich vom Leben in einer Stadt. Das ist in Deutschland und in allen anderen Ländern der Erde so. In einer Stadt gibt es beispielsweise ein großes Angebot an Geschäften, Sportstätten und Freizeiteinrichtungen. Auch die Zahl der Schulen ist in einer Stadt größer als in einem Dorf. Infolgedes-

sen besteht für Kinder im ländlichen Raum – also außerhalb von Städten – ein geringeres Angebot an Bildungseinrichtungen. Nach der Schulzeit stehen in einer Stadt mehr Ausbildungsstellen und Berufsschulen zur Verfügung als in einem Gebiet, in dem nur wenige Menschen leben.

1 Beschreibe die Fotos in **M1**. Finde Gemeinsamkeiten und Unterschiede heraus.
Starthilfe Auf den Fotos 1 und 2 sind Kinder zu sehen, die sich mit Fußball beschäftigen. Auf dem Foto 1 tragen die Kinder... Die Fotos 3 und 4 zeigen Situationen in Schulen. Während das Mädchen auf dem Foto 3 ...

2 Vergleiche die Fotos in **M1** mit deinem Leben. Welche Momentaufnahmen könnten so ähnlich auch bei dir gemacht werden?
Starthilfe Wenn ich spiele, sieht es so ähnlich aus wie auf dem Foto...

3 Finde mithilfe des Internets heraus, auf welchem Erdteil Kolumbien liegt.

4 Betrachte die Fotos **M2** und **M3**. Erläutere, wie sich die Lebenssituationen voneinander unterscheiden.
*Starthilfe Das Foto **M2** zeigt eine große Stadt, auf dem Foto **M3** ist ein kolumbianisches Dorf zu sehen... Das Leben in einer Großstadt unterscheidet sich vom Leben in einem Dorf beispielsweise durch...*

5 Begründe, warum es auch in Deutschland Unterschiede zwischen dem Leben in einem Dorf und in einer Großstadt gibt.

6 Teilt euch in Gruppen auf. Recherchiert, wie Kinder in einem anderen Land eurer Wahl leben. Präsentiert eure Ergebnisse in der Klasse.

> **Sprachspeicher**
> die Situation, in der Kinder leben...
> die Lebenssituation von Kindern...
> das Leben in einer Großstadt...
> die Lebensbedingungen im ländlichen Raum...

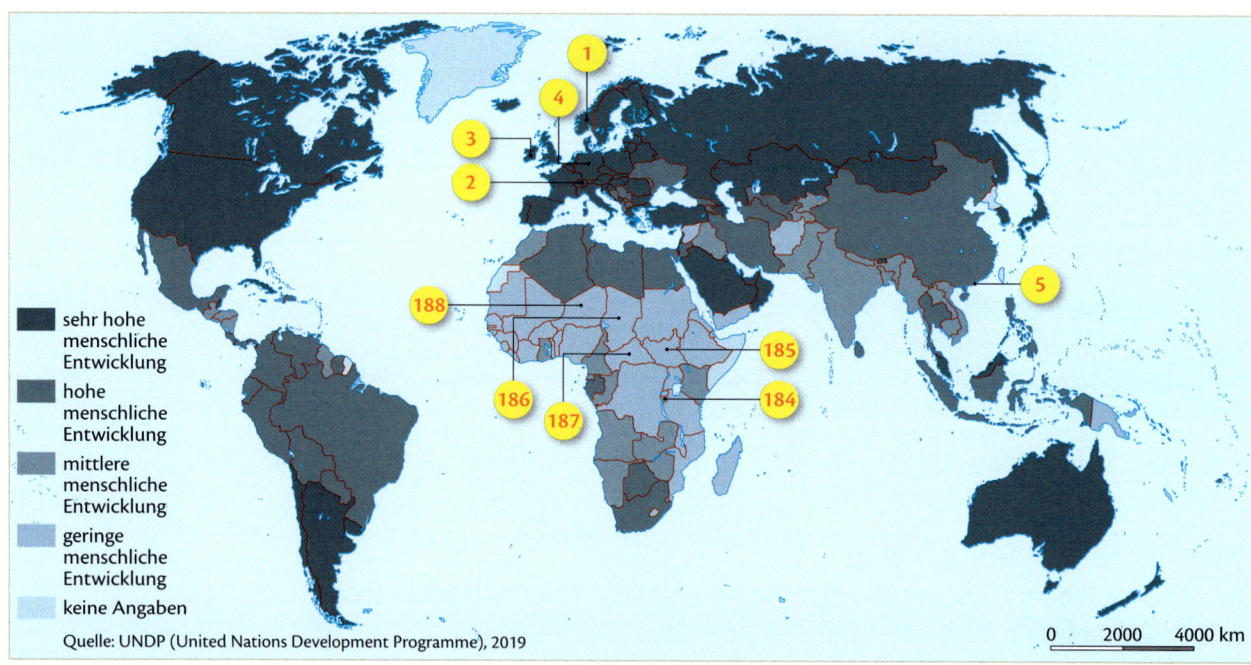

M 1 Die menschliche Entwicklung in den Ländern der Erde

Quelle: UNDP (United Nations Development Programme), 2019

sehr hohe menschliche Entwicklung

hohe menschliche Entwicklung

mittlere menschliche Entwicklung

geringe menschliche Entwicklung

keine Angaben

0   2000   4000 km

Die menschliche Entwicklung

Die Lebensverhältnisse der Menschen in den verschiedenen Ländern der Erde sind nicht gleich. Jedes Jahr wird für die Länder der Erde eine Berechnung durchgeführt, in die vier mathematische Berechnungswerte einfließen.

Daraus errechnet sich das Niveau* der menschlichen Entwicklung. Das Ergebnis dieser Berechnung wird mit den drei Buchstaben „HDI" bezeichnet. Dies ist eine Abkürzung für den englischsprachigen Fachbegriff „Human Development Index".

Für die Berechnung des HDI eines Landes werden vier Werte untersucht. Zwei Werte haben mit dem Thema „Bildung" zu tun, ein Wert mit dem Lebensalter der Menschen, ein weiterer mit der finanziellen Situation eines Landes.

Die Länder der Erde lassen sich in vier große HDI-Gruppen einteilen: niedrig, mittel, hoch und sehr hoch.

Die Lebenserwartung *

In Japan haben die Menschen die höchste Lebenserwartung. Sie werden im Durchschnitt 84 Jahre alt. In Deutschland wird ein durchschnittliches Höchstalter von 83 Jahren bei Frauen und 76 Jahren bei Männern erreicht.

Die geringste Lebenserwartung haben Menschen in zahlreichen afrikanischen Ländern südlich der Sahara. In Tschad und in der Zentralafrikani-

M 2 Die vier Berechnungswerte des HDI

- Wie alt werden die Menschen?
- Wie viele Erwachsene beherrschen das Alphabet?
- Wie viele Menschen besuchen die Schule?
- Wie viel Geld gibt es in einem Land?

schen Republik liegt die durchschnittliche Lebenserwartung bei 51 Jahren. Eine schlechte medizinische Versorgung sowie eine Mangelernährung* können Ursache dafür sein, dass die Menschen keine hohe Lebenserwartung haben.

M 3 HDI-Rangfolge der Länder	Rang
Land	Rang
Norwegen	1
Schweiz	2
Irland	3
Deutschland	4
Hongkong	5
Burundi	184
Südsudan	185
Tschad	186
Zentralafrikanische Republik	187
Niger	188

Quelle: UNDP, 2019

M 4 Reis-Speise

1 Gib mit eigenen Worten wieder, was unter „HDI" verstanden wird.
Starthilfe Der „HDI" ist... Unter dem Begriff „HDI" wird ... verstanden... Die Abkürzung „HDI" steht für... und bedeutet...

2 Erkläre mithilfe von **M 2** die Berechnung des HDI. *Starthilfe M 2 stellt die vier Berechnungswerte des HDI dar. Sie setzen sich zusammen aus...*

3 Beschreibe die Karte **M 1**. Nenne für jede HDI-Gruppe ein Land.
Starthilfe Auf der Karte M 1 sind alle Länder der Erde mit fünf Farben dargestellt...

4 Triff Aussagen für die Erdteile: Afrika, Asien, Australien und Europa. Welche HDI-Gruppen sind jeweils in größerer Anzahl festzustellen?
Starthilfe In Afrika sind die meisten Länder in einem helleren Blau dargestellt... Sie gehören in die HDI-Gruppe „niedrig"...

5 Werte die Tabelle **M 3** aus. Welche Gründe könnte es für die unterschiedlichen Rangstufen geben? *Starthilfe Die Tabelle M 3 umfasst zehn Länder der Erde. Im oberen Bereich der Tabelle stehen die Länder mit den Rängen 1 bis 6, im unteren Bereich befinden sich die Ränge 184 bis 188...*

6 Beurteile, warum die Lebenserwartung in Japan und Deutschland so hoch und in den Ländern südlich der Sahara so gering ist. *Starthilfe Japan und Deutschland sind... Die Lebensverhältnisse in Japan und Deutschland...*

7 Kritikern der HDI-Berechnung fehlen Berechnungswerte wie „Zustand der Umwelt". Nimm Stellung zu dieser Kritik. *Starthilfe Ich stimme der Kritik am HDI zu, weil... Ich sehe den HDI nicht so problematisch wie die Kritiker... Eine Kritik am HDI ist für mich nachvollziehbar, denn...*

Was bedeutet „Armut"?

M1 Selbst gebautes Spielzeug

M2 Videospiel

Armut

„Armut"bedeutet, dass ein Mangel besteht oder anders gesagt, dass etwas fehlt oder nur in einem geringen Maß zur Verfügung steht. Armut wird unterteilt in „absolute* Armut" und „relative* Armut". „Absolute Armut" bedeutet, dass ein Mensch seine Grundbedürfnisse nicht befriedigen kann. „Relative Armut" ergibt sich aus einem Vergleich. Danach ist ein Mensch „relativ arm", wenn er sich deutlich weniger leisten kann als Menschen aus seinem Umfeld.

Reiche und nicht reiche Länder der Erde

Auf der Erde gibt es reiche Länder, in denen die Befriedigung der Grundbe-dürfnisse für alle Menschen möglich ist. Menschen, die benachteiligt sind, erhalten in diesen Ländern staatliche Unterstützung. Daneben gibt es Länder, in denen viele Menschen ihre Grundbedürfnisse nicht befriedigen können.

Ziele für nachhaltige Entwicklung

Im Jahr 2015 beschloss die Gemeinschaft der Staaten der Erde, die als „Vereinte Nationen*" bezeichnet wird, ein Programm für nachhaltige Entwicklung. Dieses Programm umfasst 17 Ziele, die nach ihrer Wichtigkeit in einer Rangfolge dargestellt sind.

Die SDG-Icons zeigen:
1 KEINE ARMUT
2 KEIN HUNGER
3 GESUNDHEIT UND WOHLERGEHEN
4 HOCHWERTIGE BILDUNG
5 GESCHLECHTER-GLEICHHEIT
6 SAUBERES WASSER UND SANITÄR-EINRICHTUNGEN
7 BEZAHLBARE UND SAUBERE ENERGIE
8 MENSCHENWÜRDIGE ARBEIT UND WIRT-SCHAFTSWACHSTUM
9 INDUSTRIE, INNOVATION UND INFRASTRUKTUR
10 WENIGER UNGLEICHHEITEN
11 NACHHALTIGE STÄDTE UND GEMEINDEN
12 NACHHALTIGE/R KONSUM UND PRODUKTION
13 MASSNAHMEN ZUM KLIMASCHUTZ
14 LEBEN UNTER WASSER
15 LEBEN AN LAND
16 FRIEDEN, GERECHTIGKEIT UND STARKE INSTITUTIONEN
17 PARTNERSCHAFTEN ZUR ERREICHUNG DER ZIELE

ZIELE FÜR NACHHALTIGE ENTWICKLUNG

Überwindung von weltweiter Armut

Wenn Armut überwunden werden kann, wirkt sich das vorteilhaft auf viele Lebensbereiche aus. Eine Folge von Armut kann ein ungünstiger Gesundheitszustand sein. Ein ungünstiger Gesundheitszustand wiederum verringert die Leistungsfähigkeit eines Menschen. Auch für ein Land kann die Überwindung von Armut von großer Bedeutung sein. Steht beispielsweise mehr Geld für die Bildung zur Verfügung, können die Menschen bessere Schulangebote genießen. Das befähigt sie zu anspruchsvolleren Arbeiten, mit denen sie wiederum mehr Geld verdienen können.

M 3 Ziele für nachhaltige Entwicklung

1 Fasse mündlich zusammen, was „Armut" bedeutet.
Starthilfe „Armut" ist… Unter „Armut" wird verstanden… „Armut" bedeutet…

2 Unterscheide „absolute Armut" von „relativer Armut".
Starthilfe „Absolute Armut" ist… „relative Armut" bedeutet…

3 Erläutere, warum das Leben in einem Land ohne staatliche Unterstützungen schwierig ist.
Starthilfe In einem Land ohne staatliche Unterstützung wird beispielsweise…

4 Berichte über die „Ziele für nachhaltige Entwicklung".

5 Wähle aus M 3 vier Ziele und gib dazu Beispiele, was mit dem jeweiligen Ziel gemeint ist.

6 Begründe, warum das Ziel „keine Armut" an die erste Stelle gesetzt wurde.

7 Vergleiche die Fotos M 1 und M 2 miteinander. Bringe sie in einen Zusammenhang mit dem Begriff „Armut".
Starthilfe Auf beiden Fotos sind spielende Kinder zu sehen. Auf dem Foto M 1 …

Sprachspeicher
Armutsbekämpfung…
Armut zu bekämpfen…
eine weltweite Ver-
ringerung von Armut…

M1 Gedanken eines Kindes

Kinderarmut

Wenn insbesondere Kinder von Armut betroffen sind, wird dies als „Kinderarmut" bezeichnet. Fachleute schätzen, dass gegenwärtig mehr als eine Milliarde Kinder auf der Erde davon betroffen sind.

Kinderarmut ist nicht nur ein Problem in weit entfernten Ländern. Auch in Deutschland ist rund ein Fünftel der Kinder davon betroffen. Kinderarmut ist nicht in allen Teilgebieten Deutschlands im selben Maß festzustellen. Im Ruhrgebiet sind beispielsweise mehr Kinder von Armut betroffen als im Sauerland.

Überwindung von Kinderarmut in Deutschland

In Deutschland gibt es verschiedene Hilfen für Kinder, denen in ihren Familien und Lebensgemeinschaften nur wenig Geld zur Verfügung steht. Eine dieser Unterstützungen ist die staatliche Grundsicherung. Für Kinder, Jugendliche und junge Erwachsene können darüber hinaus sogenannte „Leistungen für Bildung und Teilhabe" erbracht werden. „Teilhabe" bedeutet, dass diese jungen Menschen nicht von der Gemeinschaft ausgeschlossen werden. Für den persönlichen Schulbedarf, für die Mittagsver-

M2 Selbstdarstellung von UNICEF im Internet

WAS WIR TUN: UNSERE AUFGABEN Kriege, Katastrophen, Krankheiten, Hunger, Gewalt und Ausbeutung — UNICEF* ist überall dort im Einsatz, wo Kinder in Not sind oder benachteiligt werden. In über 150 Ländern setzt sich UNICEF dafür ein, dass Kinder medizinisch versorgt werden, sauberes Trinkwasser haben, zur Schule gehen können und vor Gewalt und Ausbeutung geschützt sind. Auch in Deutschland ist UNICEF eine wichtige Stimme gegen Kinderarmut, für Beteiligung und Bildungschancen.

https://www.unicef.de/informieren/ueber-uns/unicef-einfach-erklaert [Abruf: 30.03.2020]

pflegung in Kita, Schule und Hort sowie für Schulausflüge und Klassenfahrten erhalten ihre Erziehungsberechtigten finanzielle Hilfen.

Hilfsorganisationen

Neben der internationalen Partnerschaft der Regierungen beteiligen sich auch Hilfsorganisationen an einer Verbesserung der Lebensverhältnisse. Dazu gehört das internationale Kinderhilfswerk UNICEF. Es unterstützt in zahlreichen Ländern bei Maßnahmen zur Gesundheit, Ernährung und Bildung. UNICEF hat zehn Punkte benannt, die in jedem Land der Erde als Kinderrechte gelten sollen.

M3 Plakat der UNICEF zu den Kinderrechten

1 Berichte mithilfe des ersten Textabschnitts von Kinderarmut – auf der Erde und in Deutschland. *Starthilfe Von Kinderarmut betroffen sind weltweit… In Deutschland*

2 Erkläre, wie Kinderarmut in Deutschland überwunden werden soll.
Starthilfe Zur Überwindung von Kinderarmut in Deutschland…

3 Stelle in einem kurzen Vortrag die Organisation UNICEF vor. Nutze dazu auch **M2**.
Starthilfe UNICEF ist… Die sechs Buchstaben stehen für…

4 Wähle aus **M3** vier Punkte und gib dazu Beispiele, was mit dem jeweiligen Ziel gemeint ist. *Starthilfe Unter dem Punkt 1 „Gleichheit" ist zu verstehen, dass… Punkt 2 „Gesundheit" bedeutet, dass… Ein Beispiel für Punkt 3 „Bildung" könnte sein…*

5 Betrachte das Foto **M1** und nimm Stellung zu der Aussage des Kindes.
Starthilfe Die Aussage des Kindes verstehe ich so, dass… Das Kind macht einen Unterschied zwischen „arm zu sein" und…

M 1 Schülerinnen in einem afrikanischen Land

Bildung

Das Wort „Bildung" hat mehrere Bedeutungen. Im engeren Sinne bedeutet es, dass das Wissen einer Person vermehrt wird. In einem umfangreicheren Sinn gehört zur „Bildung" die Erweiterung von Kompetenzen und die Entwicklung von Talenten.

Weltbildungsbericht

Eine Untersuchung aus dem Jahr 2019 ergab, dass weltweit rund 64 Millionen Kinder im Grundschulalter keine Möglichkeit haben, zur Schule zu gehen. Diese Untersuchung wird als „Weltbildungsbericht" bezeichnet. Mehr als 35 Millionen leben in afrikanischen Staaten südlich der Sahara. Viele Mädchen und Jungen brechen die Schule ab. Doch trotz ununterbrochenen Schulbesuchs sind am Ende der Grundschulzeit nicht alle in der Lage, gut zu lesen und zu schreiben. Rund 102 Millionen Jugendliche über 15 Jahre können nicht lesen und schreiben. 750 Millionen Erwachsene können nicht lesen und schreiben. Zwei Drittel von ihnen sind Frauen.

Bildung und Einkommen

Ein weiteres Ergebnis des Weltbildungsberichts ist, dass die Bildungsmöglichkeiten stark vom Wohnort und vom Einkommen* abhängen. Kinder und Jugendliche, die in ländlichen Räumen leben, schließen die Schule seltener ab als Kinder, die in Städten wohnen. Je ärmer ein Land ist, desto schlechter ist die Aussicht auf einen Schulabschluss. Auch die finanziellen* Verhältnisse einer Familie spielen für die Bildungsmöglichkeiten eine Rolle.

Bildung und Beruf

Eine hochwertige Bildung ermöglicht einen Zugang zu anspruchsvollen Berufen. Wer einen anspruchsvollen Beruf ergreift, hat davon einige Vorteile. Die Bezahlung ist höher als für andere Berufe oder für nur angelernte Tätigkeiten. Außerdem sind anspruchsvolle Berufe sicherer als andere. Wer über eine hochwertige Bildung verfügt, findet auch schneller einen anderen Beruf.

M 2 Fliesenleger in einem europäischen Land

M 3 Schuhputzer in Indien

M 4 Aufstieg durch Bildung

1 Gib die Bedeutung des Begriffs „Bildung" mit deinen Worten wieder.
   Starthilfe „Bildung" ist... Unter „Bildung" wird verstanden... „Bildung" bedeutet...

2 Fasse die Informationen des Weltbildungsberichts mündlich zusammen.
   Starthilfe Der Weltbildungsbericht 2019 setzte darüber in Kenntnis, dass... Aus dem Weltbildungsbericht 2019 geht hervor, dass... Der Weltbildungsbericht 2019 informiert über...

3 Erläutere den Zusammenhang zwischen Bildung und Einkommen.
   Starthilfe Je höher ein Einkommen ist, desto... Je größer ein Einkommen, umso...

4 Erkläre, wie eine hochwertige Bildung zu einem besser bezahlten Beruf beitragen kann. Beziehe bei deiner Antwort die Fotos **M 2** und **M 3** ein.
   *Starthilfe Auf den Fotos **M 2** und **M 3** sind arbeitende Männer zu sehen. Der Fliesenleger in einem europäischen Land...*

5 Schreibe zu den drei Fotos **M 1** bis **M 3** Sprechblasen in dein Arbeitsheft. Was könnten diese Personen über die dargestellten Situationen sagen?

6 Zeichne eine Mindmap zum Thema „Bildung".

7 Bewerte die beiden Zeichnungen in **M 4**. Welche der beiden Zeichnungen trifft das Thema „Aufstieg durch Bildung" besser? Begründe deine Aussage.

Die wichtigen Begriffe in M1 helfen dir dabei, die Aufgaben auf der Seite 143 unten zu lösen. Nutze möglichst viele dieser Begriffe aus dem Kapitel 6 „Kinder der Welt".

M1 Wichtige Begriffe

- Weltbevölkerung
- Geburtenrate
- HDI
- Lebenserwartung
- Ziele für nachhaltige Entwicklung
- absolute Armut
- relative Armut
- Kinderarmut
- Kinderrechte
- Bildung

M2 Kinderarbeit auf einer Baustelle

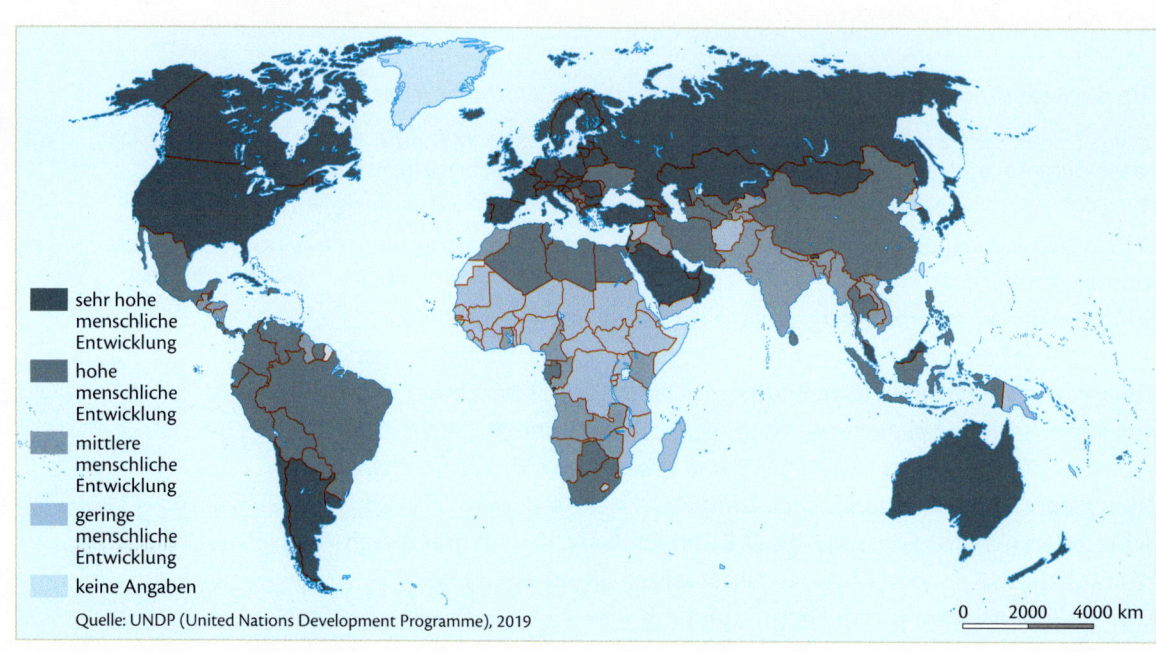

sehr hohe menschliche Entwicklung

hohe menschliche Entwicklung

mittlere menschliche Entwicklung

geringe menschliche Entwicklung

keine Angaben

Quelle: UNDP (United Nations Development Programme), 2019

0   2000   4000 km

M3 HDI-Karte

M 4 Bildung   **M 5** Ziele für nachhaltige Entwicklung

M 6 Richtig oder falsch?

A Die meisten Kinder der Erde leben in Afrika.

B Die höchsten Geburtenraten werden in afrikanischen Ländern erreicht.

C Die geringste Lebenserwartung haben Menschen in zahlreichen afrikanischen Ländern nördlich der Sahara.

D Rund 750 Millionen Erwachsene auf der Erde können nicht lesen und schreiben.

E Wer über eine hochwertige Bildung verfügt, findet schnell einen anderen Beruf.

1 Beschreibe das Foto **M 2**. Gehe bei deiner Beschreibung insbesondere auf die Kleidung und die Situation am Arbeitsplatz ein.

2 Könntest du dir vorstellen, auf dieser Baustelle (**M 2**) zu arbeiten? Begründe deine Antwort.

3 Halte einen kurzen Vortrag zu **M 3**. Erinnerst du dich noch, welche fünf Länder an der Spitze der Rangfolge stehen und welche Länder am Ende?

4 Formuliere drei Sätze zur Bedeutung von Bildung im Kampf gegen weltweite Armut.

5 Suche dir das für dich wichtigste Ziel aus **M 5** heraus. Erläutere, warum du dich für dieses Ziel entschieden hast.

6 Lies die fünf Aussagen im **M 6**. Finde heraus, welche Aussagen falsch sind. Korrigiere die falschen Aussagen.

Aufgabenlösungen

Hier werden dir Hinweise gegeben, was von dir bei den Aufgabenlösungen erwartet wird. Es ist immer ratsam, Aufgabenstellungen in Ruhe zu lesen und zu verstehen. Manchmal stehen in den Aufgaben mehrere Erwartungen an dich. Hier ein Beispiel: „Diskutiert miteinander, ob ihr es eher gut oder eher schlecht findet, ein Vorbild zu haben. Begründet eure Standpunkte." Bei diesem Beispiel soll diskutiert und begründet werden.

Analysiere...
▸ S. 121, Aufgabe 4

Analysiere das Schaubild **M 2** und stelle dar, welche Arten von Mülltrennung es gibt und was dabei zu beachten ist.

„Analysieren" bedeutet, dass du auf die weiteren Hinweise in der Aufgabestellung achtest. Hier geht es um die Arten der Mülltrennung, die du lückenlos nennen sollst. Außerdem sollst du zu jeder Art der Mülltrennung feststellen, was besonders beachtet werden soll. Für diese Aufgabenlösung bietet sich eine Tabelle mit zwei Spalten an.

Begründe...
▸ S. 89, Aufgabe 4

Ist es erlaubt, dass Markus vor dem Unterricht zwei Stunden lang Zeitungen austrägt? *Begründe*.

„Begründen" bedeutet, dass du bei deiner Aufgabenlösung die Wörter „weil" oder „denn" verwendest

Berichte...
▸ S. 35, Aufgabe 1

Berichte über einen typischen Tag aus deinem Alltagsleben.

„Berichten" bedeutet, dass du etwas ohne große Ausschweifungen knapp und sachlich darstellst.

Beschreibe...
▸ S. 99, Aufgabe 5

Beschreibe das Werbeplakat **M 2**.

„Beschreiben" bedeutet, dass du der Reihe nach und geordnet mit Worten ausdrückst, was zu sehen ist. Du sollst dabei mit deinen Gedanken nicht hin und her springen.

Beurteile...
▸ S. 117, Aufgabe 4

Beurteile: Welche Sachen oder Tätigkeiten könntest du teilen oder mit anderen gemeinsam nutzen?

„Beurteilen" bedeutet, dass du mit einer Begründung eine persönliche Aussage triffst. Bei einer Beurteilung können Adjektive (Eigenschaftswörter) wie „gut" und „schlecht" verwendet werden.

Bewerte...
▸ S. 87, Aufgabe 7

Bewerte aus deiner Sicht die Vorteile und die Nachteile von Gutscheinkarten.

„Bewerten" ist ein ähnliches Wort wie „beurteilen". Es bedeutet, dass du mit einer Begründung eine persönliche Aussage triffst. Bei einer Beurteilung können Adjektive (Eigenschaftswörter) wie „gut" und „schlecht" verwendet werden.

Denke... aus
▸ S. 117, Aufgabe 6

Denke dir eine Werbung für einen Tauschring *aus*.

„Ausdenken" bedeutet, dass du deine ersten Ideen darstellst, ohne dass sie schon alle Einzelheiten enthalten müssen. Wie weit du dabei kommst, hängt von der Schwierigkeit der Aufgabe ab.

Diskutiert...
▸ S. 39, Aufgabe 6

Diskutiert miteinander, ob ihr es eher gut oder eher schlecht findet, ein Vorbild zu haben.

„Diskutieren" bedeutet, dass ihr eure unterschiedlichen Meinungen miteinander austauscht. Je besser ihr eure Meinung erläutert und begründet, desto besser wird sie von anderen verstanden und vielleicht sogar eher angenommen.

Entwickelt... ▸ S. 41, Aufgabe 3

Entwickelt Klassenregeln, die dabei helfen können, dass Mobbing in eurer Klasse nicht entsteht.

„Entwickeln" bedeutet, dass erste Gedanken zu einem Thema entstehen, aus denen weitere Überlegungen erfolgen. Diese weiteren Überlegungen werden wiederum weitergeführt.

Erkläre... ▸ S. 61, Aufgabe 3

Erkläre, warum Kinder und Jugendliche viel Zeit am Handy verbringen.

„Erklären" bedeutet, einen Sachverhalt so zu formulieren, dass eine andere Person ihn leicht verstehen kann.

Erläutere... ▸ S. 19, Aufgabe 4

Erläutere die Aufgaben einer Bürgermeisterin oder eines Bürgermeisters.

„Erläutern" bedeutet, dass du etwas mithilfe von Beispielen erklären sollst.

Fasse zusammen... ▸ S. 107, Aufgabe 2

Fasse mündlich *zusammen*, wofür elektrische Energie benötigt wird.

„Zusammenfassen" bedeutet, dass etwas mit wenigen Worten wiedergegeben wird. Eine Zusammenfassung ist so umfangreich wie nötig, aber auch so kurz wie möglich.

Formuliere... ▸ S. 143, Aufgabe 4

Formuliere drei Sätze zur Bedeutung von Bildung im Kampf gegen weltweite Armut.

„Formulieren" bedeutet, dass etwas schriftlich oder mündlich erfolgen kann, wenn es in der Aufgabenstellung nicht angegeben ist. In den Aufgabenstellungen werden immer Angaben über den Umfang gemacht. Wenn drei Sätze formuliert werden sollen, dürfen es nicht mehr und nicht weniger sein.

Gestaltet... ▸ S. 19, Aufgabe 4

Gestaltet Flyer oder Plakate mit Tipps gegen Cybermobbing.

„Gestalten" bedeutet, dass ihr hier eure Fantasie und Kreativität einsetzen dürft. Ihr dürft bei einer solchen Aufgabenstellung selbst entscheiden, ob ihr mit dem Computer oder mit Papier und Klebstoff arbeiten wollt.

Gib mit deinen Worten wieder... ▸ S. 15, Aufgabe 4

Gib das Fallbeispiel **M 1** mit deinen Worten wieder.

„Wiedergeben mit den eigenen Worten" bedeutet, dass du deine Antwort nicht aus dem Buch ablesen sollst. Hier wird erwartet, dass du frei formulierst und den Text aus dem Buch sinnvoll zusammenfasst.

Gib eine begründete Antwort/Gib deine Antwort mit Begründung... ▸ S. 89, Aufgabe 3

Gib mithilfe des Textes auf dieser Doppelseite *eine begründete Antwort*.

„Wiedergeben mit Begründung" bedeutet, dass du eine Aufgabenlösung mit den Wörtern „weil" oder „denn" formulieren sollst.

Nenne... ▸ S. 11, Aufgabe 1

Nenne Aufgaben einer Klassensprecherin und eines Klassensprechers.

„Nennen" bedeutet, dass du ohne große Ausschweifungen eine kleine Anzahl von Beispielen geben sollst. Manchmal steht auch in der Aufgabe, wie viele Beispiele von dir erwartet werden.

Nimm Stellung...

▸ S. 139, Aufgabe 5

Betrachte das Foto **M 1** und *nimm Stellung* zu der Aussage des Kindes.

„Stellung nehmen" bedeutet, dass du sagen oder aufschreiben sollst, welche Meinung du zu einem Sachverhalt vertrittst. Bei deiner Aufgabenlösung sollte deutlich werden, dass es sich um deine persönliche Einstellung handelt. Besonders gut wird eine solche Aufgabe gelöst, wenn sie mit einer Begründung erfolgt.

Ordne... zu

▸ S. 19, Aufgabe 4

Ordne die Standpunkte ein: Wer ist für, wer ist gegen die Skateanlage? Wer hat sich noch nicht klar entschieden? Begründe deine Aussagen.

„Erläutern" bedeutet, dass du etwas mithilfe von Beispielen erklären sollst.

Präsentiere...

▸ S. 115, Aufgabe 7

Recherchiere zum Begriff „Bio-Siegel". *Präsentiere* das Ergebnis deiner Klasse.

„Präsentieren" bedeutet, dass du in deiner Klasse ein Arbeitsergebnis vorstellen sollst. Dabei bleibt es dir überlassen, in welcher Weise du es machst. Es kann ein Kurzreferat sein, ein Poster oder eine Ausarbeitung mithilfe des Computers. Der Arbeitsauftrag einer Präsentation wird immer zusammen mit einem anderen Arbeitsauftrag gestellt. In diesem Fall sollst du eine Recherche durchführen und dann präsentieren.

Recherchiere...

▸ S. 87, Aufgabe 9

Recherchiere den aktuellen Stand zur Abschaffung des Bargelds in Deutschland und in Europa.

„Recherchieren" bedeutet, dass du etwas herausfinden sollst, das nicht im Schulbuch steht. Die Informationen können auf unterschiedliche Art und Weise erfolgen. Beispielsweise kannst du im Internet suchen oder in eine Bücherei gehen.

Schildere...

▸ S. 69, Aufgabe 3

Schildere eine Situation, die sich in einem Chat ereignen könnte, wenn jemand dich bedrängt.

„Schildern" bedeutet, dass du dich sachlich zu einer Aufgabenstellung äußerst. „Schildern" ist ähnlich wie „berichten". Bei einem solchen Arbeitsauftrag soll keine Abenteuergeschichte erzählt werden.

Schreibe stichpunktartig auf...

▸ S. 17, Aufgabe 2

Schreibe stichpunktartig auf, was du als gutes Verhalten auf einem Schulhof bezeichnen würdest.

„Stichpunktartig aufschreiben" bedeutet, dass du keine langen Sätze formulieren musst. Die Stichpunkte sollen dir dabei helfen, einen kurzen mündlichen Vortrag zu halten.

Stell dir vor...

▸ S. 29, Aufgabe 5

Stell dir vor, deine Eltern fahren über das Wochenende weg und du hast sturmfrei. Würdest du Freunde zu einer Party einladen?

„Sich etwas vorstellen" bedeutet, dass du dich mit deinen Gedanken in eine Situation versetzen sollst. Ausgehend von dieser Situation sollst du Stimmungen wiedergeben oder Entscheidungen treffen. Bei manchen Aufgaben sollst du dich auch in eine Person hineinversetzen, um besser zu verstehen, wie sich eine Situation anfühlt.

Vergleiche...

▸ S. 137, Aufgabe 7

Vergleiche die Fotos **M 1** und **M 2** miteinander. Bringe sie in einen Zusammenhang mit dem Begriff „Armut".

„Vergleichen" bedeutet, dass du Gemeinsamkeiten und Unterschiede feststellst. In diesem Beispiel soll etwas in einer bestimmten Hinsicht untersucht werden. Hier ist das Stichwort: „Armut".

Versetze dich in...

▸ S. 73, Aufgabe 4

Versetze dich in die Person aus **M 3**. Was hättest du an ihrer Stelle unternommen?

„Dich in jemanden oder eine Situation zu versetzen" bedeutet, dass du dich in eine Person oder eine Situation einfühlen sollst. Dafür musst du dich konzentrieren und still sein. Es ist so ähnlich wie wenn du in einen Raum betrittst und erst einmal umherschaust. Zusammen mit dem Arbeitsauftrag, dich in eine Person oder eine Situation zu versetzen, werden dir weitere Hinweise gegeben. In diesem Beispiel sollst du vermuten, ob du auch so reagiert oder gehandelt hättest wie eine andere Person.

Unterscheide...

▸ S. 83, Aufgabe 3

Unterscheide die Begriffe „Bedürfnis" und „Bedarf".

„Unterscheiden" bedeutet, dass du mit einem vorgegebenen Ziel zwei oder mehrere Dinge, Sachverhalte oder Begriffe miteinander vergleichen sollst. Oft geht es dabei – wie in diesem Beispiel – um eine Abgrenzung voneinander.

Wähle aus...

▸ S. 137, Aufgabe 5

Wähle aus **M 3** vier Ziele und gib dazu Beispiele, was mit dem jeweiligen Ziel gemeint ist.

„Auswählen" bedeutet, dass du selbst etwas entscheiden kannst. Deine Auswahl kann deinen Interessen folgen. In diesem Beispiel sollen vier Ziele ausgewählt werden. Diese Anzahl ist für alle gültig und sollte weder unterschritten noch überschritten werden.

Lexikon

A

absolut: Das Adjektiv „absolut" drückt aus, dass etwas festgestellt wurde, wozu keine unterschiedlichen Meinungen herrschen; es ist für jeden schnell ersichtlich.

Amt, *das*: eine Aufgabe für eine Person, die mit bestimmten Pflichten verbunden ist – z. B. das Amt einer Politikerin

Anerkennung, *die*: wenn eine Person die Leistung einer anderen Person angemessen einschätzt

App, *die*: Abkürzung für das englische Wort „application" – das ist eine „Anwendung"; gemeint sind kleine technische Programmanwendungen

Aufwandsentschädigung, *die*: nur entstandene Kosten werden bezahlt, z.B. Fahrtkosten

Auszug, *der*: Teil eines größeren Ganzen, beispielsweise einige Sätze aus einem Märchen

B

befugt: ein selten verwendetes Wort aus der Rechtssprache, das so viel bedeutet wie „berechtigt"

Bloggerin, *die*: eine Frau, die im Internet ein Tagebuch führt

Branntwein, *der*: ein Getränk, das Alkohol enthält

Brauchtumspflege, *die*: „Brauchtum" sind innerhalb einer menschlichen Gemeinschaft entstandene und sich regelmäßig, meistens an bestimmten Tagen wiederholende Tätigkeiten – beispielsweise das Aufstellen eines Nadelbaums zu Weihnachten

Bürgerliches Gesetzbuch, *das*: ein deutsches Gesetz, das am 1. Januar 1900 in Kraft trat und rechtliche Dinge zwischen Personen (Bürgern) regelt

C

Chat, *der*: vom englischen Verb „chat" – plaudern, sich unterhalten – abgeleitetes Wort; ein „Chat" ist ein Bereich in der Computerwelt, wo Menschen miteinander plaudern.

Corona-Pandemie, *die*: Eine Pandemie ist eine weltweite Ausbreitung eines Krankheitserregers, der die Menschheit bedroht. In diesem Fall heißt der Krankheitserreger „Corona".

D

Demokratie, *die*: eine Regierungsform, bei der sich Menschen frei entscheiden, frei wählen und ihre Meinung frei äußern dürfen

Disco, *die*: Kurzform des Wortes „Discothek"; dies ist ein Veranstaltungsort, an dem regelmäßig – insbesondere an Wochenenden – zu Musik getanzt wird; die Musik stammte früher von Schallplatten („Diskos" stammt aus der griechischen Sprache und bedeutet „Scheibe")

E

EC-Karte, *die*: Die Abkürzung „EC" bedeutet „electronic card"; mit einer EC-Karte kann bargeldlos bezahlt oder Bargeld beschafft werden

Einkommen, *das*: das Geld, das jemand durch seine Berufstätigkeit verdient

E-Jugend, *die*: Fußballspielerinnen und Fußballspieler im Alter zwischen acht und zehn Jahren

EU-Bürger, *die*: alle Menschen, die in einem Land der Europäischen Union leben

F

finanziell: die Finanzen – das Geld – betreffend

fossil: urzeitlich oder versteinert

G

Gamer, *der*: vom englischen Wort „game" abgeleitetes Wort: Spieler oder Spielerin

Geburtenrate, *die*: Anzahl der Geburten je 1000 Einwohner

Gemeinde, *die*: ein Ort, in dem Menschen leben; eine Gemeinde kann ein Dorf oder eine Stadt sein oder es können mehrere Dörfer eine Gemeinde bilden.

Girokonto, *das*: ein Konto, mit dem Geldüberweisungen durchgeführt werden

Gremium, *das*: eine Gemeinschaft, die etwas beschließen und entscheiden kann – z. B. ein Rat, Stadtrat oder Kreistag

H

Hauptwohnsitz, *der*: Die Wohnung oder das Haus, in der oder dem man hauptsächlich wohnt und in der man staatlich gemeldet ist.

I

infiziert: mit einem Krankheitserreger befallen

J

Jugendamt, *das*: eine Einrichtung einer Gemeinde, die für bestimmte Angelegenheiten von Jugendlichen und Kindern zuständig ist

Jugendhilfe, *die*: Die Jugendhilfe wird auch als „Kinder- und Jugendhilfe" bezeichnet; es handelt sich um eine Zusammenfassung aller Leistungen und Aufgaben, die jungen Menschen zugutekommen.

K

Kandidatin, *die*; **Kandidat,** *der*: eine Person, die für eine Wahl oder eine Tätigkeit zur Verfügung steht

Kommunalwahl, *die*: Das ist eine, auf ein Gebiet begrenzte Wahl. An der Wahl nehmen Gemeinden und Städte teil. Gewählt werden dabei die Vertreter der Gemeinden, Stadtverordnete und Kreisabgeordnete. Die Wahl erfolgt demokratisch.

Konflikt, *der*: wörtliche Bedeutung: Zusammenprallen; im übertragenen Sinne: ein Problem, das sich aus unterschiedlichen Interessen ergibt

Konsum, *der*: Verzehr oder Verbrauch von etwas

Ko-Trainer, *der*: ein zusätzlicher Helfer, der einen Trainer unterstützt

kreisangehörige Gemeinde, *die*: eine Gemeinde (Dorf, Stadt oder mehrere Dörfer), die sich einem Kreis angeschlossen hat; er erfüllt für sie die Verwaltungsaufgaben. Das können z.B. die Jugendhilfe, Abfallbeseitigung oder der Betrieb von Krankenhäusern sein.

Kreise, *die*: In Nordrhein-Westfalen gibt es 31 Kreise.

kreisfreien Städte, *die*: In Nordrhein-Westfalen gibt es 21 kreisfeie Städte.

L

landwirtschaftlicher Familienbetrieb, *der*: ein landwirtschaftlicher Betrieb (z. B. ein Bauernhof), der von einem Landwirt (Bauer) und seiner Familie bewirtschaftet wird

Lebenserwartung, *die*: das Alter, das die meisten Menschen eines Landes erreichen, bevor sie versterben

Like, *das*: ein Wort aus der englischen Sprache, das so viel bedeutet wie „etwas mögen"

Lockdown, *der*: eine Ausgangssperre in Zeiten einer Pandemie; es darf nur das Notwendigste draußen erledigt werden, z. B. Einkaufen.

Luxus, *der*: etwas, das nicht lebensnotwenig ist und viel Geld oder Zeit kostet

M

Mangelernährung, *die*: wenn das Essen nicht genug Nährstoffe enthält, die ein Mensch benötigt, um gesund zu bleiben; gute Nährstoffe stecken beispielsweise in Obst, Gemüse, Fisch

Marke, *die*: Unter einer „Marke" verstehen wir einen bestimmten Firmennamen – beispielsweise bei Kleidung oder Autos.

Medium, *das*, **Medien,** *die*: das Wort „Medium" stammt aus der lateinischen Sprache und bedeutet so viel wie „Vermittler"; ein Medium vermittelt bzw. überbringt oder transportiert Informationen

Migrationshintergrund, *der*: „Migration" ist eine Bezeichnung für eine dauerhafte Abwanderung oder eine dauerhafte Einwanderung.

Missverständnis, *das*: wenn etwas falsch verstanden wird

mobil: beweglich, kann transportiert werden

MW: eine Abkürzung für „Mega-Watt"; eine Einheit zur Messung der Leistung von elektrischer Energie (ein moderner Schnellzug der Bahn (ICE 3) benötigt etwa 8 MW)

N

negativ: etwas mit ungünstigen Eigenschaften

Nikotin, *das*: ein Gift, das beispielsweise in Zigaretten enthalten ist

Niveau, *das*: (wird so ausgesprochen: Niwo) eine Stufe bei einem Vergleich; erreicht ein Wert eine höhere Stufe als ein anderer, so befindet er sich auf einem höheren Niveau

P

Parlamentarier, *der*: Mitglied in einem Parlament; ein Parlament ist eine demokratische Einrichtung, in der öffentlich über etwas diskutiert wird, das viele Menschen betrifft

Passwort, *das*: eine Zugangsberechtigung für bestimmte Funktionen in der Computerwelt; das Passwort wird mit der Computertastatur geschrieben.

Patchwork, *das*: ein Wort aus der englischen Sprache; es bedeutet, dass etwas aus vielen Teilen zusammengesetzt ist.

Produkt, *das*: ein Gegenstand oder eine Ware, die gekauft werden kann

Protokollantin, *die*; **Protokollant,** *der*: eine Person, die eine Mitschrift anfertigt – z. B. wie eine Wahl durchgeführt wird

Q

Quarantäne, *die*: vom italienischen Wort „quarantena" = vierzig; ein zeitlich begrenzter Aufenthalt (früher: 40 Tage) an einem bestimmten Ort, um andere Menschen vor Ansteckungskrankheiten zu schützen

R

relativ: das Adjektiv „relativ" drückt aus, dass etwas verglichen wurde

Ressourcen, *die*: natürliche Güter (z. B. Boden, Luft, Wasser etc.)

S

Schadsoftware, *die*: „Software" sind alle nicht gegenständlichen und „anfassbaren Teile", also die Programme eines Computers (soft = weich); Schadsoftware sind Programme, mit deren Hilfe jemand in einen fremden Computer „einbricht"

Schulkonferenz, *die*: Besprechung, in der Eltern, Schüler, Lehrer und die Schulleitung eine Entscheidung über Themen des Schullebens treffen

Schulmensa, *die*: ein großer Raum, der für die Ausgabe eines meistens warmen Mittagessens genutzt wird

Sensation, *die*: etwas, das Aufsehen erregt oder etwas Unerwartetes

Sensationelle, *das*: ein Wort, das von dem Wort „die Sensation" abgeleitet ist; es ist etwas, das Aufsehen erregt oder etwas Unerwartetes

Shisha, *die*: eine Wasserpfeife, mit der geraucht wird; der Rauch wird durch ein mit Wasser gefülltes Gefäß gesogen

Slogan, *der*: ein Wort aus der englischen Sprache; ein Slogan ist eine kurze Formulierung, die gut im Gedächtnis bleibt und häufig in der Werbung, im Sport oder in der Politik verwendet wird

Sneaker, *der*: ein sportlicher Schuh aus leichtem Material

sozial: das menschliche Miteinander (die Gesellschaft) betreffend

soziale Medien, *die*: technische Einrichtungen, die es den Nutzern ermöglichen, sich im Internet mit anderen Personen zu verbinden bzw. sich miteinander zu vernetzen

Staatsbürgerschaft, *die*: Sie gibt an, in welchem Land man zugehörig ist und welche Rechte und Pflichten man als Person hat. In Deutschland hat man z.B die deutsche Staatsbürgerschaft.

Stimmrecht, *das*: Recht, an einer Abstimmung oder an Wahlen teilzunehmen

streamen: eine Sendung online im Internet anschauen, statt zu einer festen Sendezeit im Fernsehen

SV – Abkürzung für *die* **„Schülervertretung",** *die*: eine gewählte Gruppe von Schülerinnen und Schülern, die in einer Schule besondere Tätigkeiten ausüben

T

Talent, *das*: eine besondere Begabung, die eine Peron auf einem bestimmten Gebiet hat – z. B. das Talent, etwas gut und anschaulich beschreiben zu können

traditionell: wenn etwas immer wiederholt wird, über längere Zeiträume zu beobachten ist und die Menschen es so möchten

U

UNICEF: Abkürzung für „United Nations International Children's Emergency Fund";1953 wurde die Bezeichnung geändert in "United Nations Children's Fund.

User, *der*: vom englischen Verb „use" – etwas gebrauchen – abgeleitetes Wort; ein „User" ist jemand, der beispielsweise einen Computer nutzt.

V

Vegetarierin, *die*: eine Frau, die kein Fleisch isst

Verbindungslehrerin, *die*; **Verbindungslehrer,** *der*: Ansprechperson für Schüler, wenn es Probleme mit den Lehrern oder Mitschülern gibt

Vereinbarung, *die*: eine Abmachung oder eine Absprache zwischen Menschen; auch zwischen Staaten, in Firmen und in Vereinen werden Absprachen getroffen.

Vereinten Nationen, *die*: ein Zusammenschluss von 193 Ländern der Erde, der auch als „United Nations" (UN) bezeichnet wird; die UN befassen sich insbesondere mit Themen des Weltfriedens und der Menschenrechte

Virus, *das*: ein Krankheitserreger

Vormund, *der*: eine Person, die vom Gericht dazu bestimmt ist, die rechtlichen Angelegenheiten einer anderen Person zu regeln

W

Ware, *die*: Gegenstände, die in einem Geschäft angeboten werden und gekauft werden können

Weltbevölkerung, *die*: die gesamte Anzahl der Menschen, die auf der Erde leben

Werktag, *der*: jeder Tag, der kein Sonntag oder Feiertag ist; also die Tage von Montag bis einschließlich Samstag

Methodenübersicht

Ein Schaubild lesen ► S. 20/21

1. Schritt: Sich einen ersten Überblick verschaffen
- Stellt fest, was in dem Schaubild dargestellt wird.
- z.B. Thema des Schaubilds ist…Das Schaubild stellt dar, wie…

2. Schritt: Auf Einzelheiten eingehen
- Welche Einzelheiten – z. B. Personen oder Organisationen – werden genannt?
- Wie sind die Bestandteile oder Elemente geordnet?
- In welchem Verhältnis stehen sie zueinander?

3. Schritt: Fragen klären
- Formuliert eure Fragen leicht und verständlich.
- Falls keiner eine Antwort weiß, recherchiert im Internet.

4. Schritt: Ins „fotografische Gedächtnis" abspeichern
- Das Schaubild gut und lange genug „auf sich einwirken lassen"
- Abspeichern im Gedächtnis

Eine Expertenbefragung durchführen ► S. 22/23

1. Schritt: Vorbereitung einer Expertenbefragung
- Informiert euch gut über das Thema, über das ihr mit einem Experten sprechen möchtet.
- Recherchiert zur Vorbereitung auf die Expertenbefragung zum Beispiel im Internet oder in Informationsblättern.
- Wen möchtet ihr befragen? Schaut im Internet oder im Informationsmaterial nach Ansprechpartnern.
- Bereitet eure Fragen an den Experten vor.
- Welche Hilfsmittel werden benötigt (z.B. Stifte, Collegeblöcke, Laptop, Aufnahmegerät)?
- Wer macht was?
- Vereinbart Termin und Ort.

2. Schritt: Durchführung einer Expertenbefragung
- Zieht euch angemessen an.
- Denkt an alles, was ihr mitnehmen wollt. Schreibt dafür eine Liste und hakt sie ab.
- Pünktlichkeit ist wichtig – am besten schon ein paar Minuten vor dem Termin anwesend sein.
- Seid immer höflich.
- Stellt eure Fragen und lasst den Experten ausreden.
- Macht euch Notizen während des Gesprächs.
- Bedankt euch bei dem Experten.

3. Schritt: Auswertung einer Expertenbefragung
- Wie viele Personen habt ihr befragt?
- Wurden alle Fragen beantwortet?
- Welche Ergebnisse sind für euch am wichtigsten?
- Welche neuen Erkenntnisse habt ihr gewonnen?
- Erstellt eine Präsentation mit den wichtigsten Ergebnissen – z. B. ein Plakat, eine PPP oder eine Wandzeitung.

Einen eigenen Standpunkt vertreten ▸ S. 36/37

1. Schritt: Ziele benennen
- Welche Meinung vertrete ich?
- Welches Ziel möchte ich erreichen?

2. Schritt: Sich vorbereiten
- Durchdenke deine Argumente gut und schlüssig.
- Überlegt euch passende Standpunkte, die euren Standpunkt vertreten.
- Sammle Informationen im Internet oder in Büchern.

3. Schritt: Kurz und deutlich
- Bildet kurze Sätze.
- Vermeidet unnötige Fremdwörter.
- Sucht nach verschiedenen Argumenten, die euren Standpunkt stützen.
- Konzentriert euch auf drei bis vier Argumente, stellt das stärkste Argument an das Ende.

4. Schritt: Andere Meinungen zulassen
- Lasst eure Zuhörer ausreden.
- Nehmt andere Meinungen zur Kenntnis.
- Zeigt wohlwollendes Verständnis für eure Zuhörer.

5. Schritt: Finde ein gutes Ende
- Formuliert zum Schluss eine kurze Zusammenfassung.
- Vermeidet eure zuvor genannten Argumente noch einmal in derselben Art und Weise vorzutragen.
- Richtet eine klare Botschaft an eure Zuhörer.

Einen Streit schlichten ▸ S. 42/43

1. Schritt: Gesprächsregeln erklären
- Erklärt als Streitschlichter die Regeln.
- Die Streitenden dürfen einander nicht beleidigen.
- Die Streitenden müssen den anderen ausreden lassen.

2. Schritt: Streitsituation darstellen
- Jeder Streitende darf ausführlich seine Sichtweise darstellen.
- Ihr dürft als Streitschlichter Fragen stellen – z. B.: Welche Gründe gibt es? Was hat euch verärgert?

3. Schritt: Standpunkte wechseln
- Fordert die Streitenden auf, den Standpunkt des jeweils anderen einzunehmen.

4. Schritt: Vorschläge zur Streitlösung erarbeiten
- Haltet euch als Streitschlichter zurück.
- Die Streitenden überlegen sich Vorschläge zur Streitlösung.

5. Schritt: Streitlösung unterschreiben
- Streitende reichen sich bei der Versöhnung die Hand.
- Sie unterschreiben eine schriftliche Vereinbarung.
- Falls nötig, kann ein Termin zur Nachbesprechung vereinbart werden.

Sich im Internet informieren ▶ S. 62/63

1. Schritt: Die Suche starten

- Sucht euch „Suchmaschinen" für Kinder aus.
- Gebt einen Suchbegriff oder mehrere Suchbegriffe in die Suchzeile ein.
- Startet die Suche.

2. Schritt: Erste Suchergebnisse auswählen

- Seht euch die ersten Suchergebnisse an.
- Aktiviert die Links.
- Nicht immer findet ihr unter dem ersten Link die besten Treffer.

3. Schritt: Texte überfliegen

- Überfliegt erst eure Texte.
- Ihr müsst dabei nicht jedes Wort lesen.
- Lest die Zwischenüberschrift und schaut euch Bilder und Grafiken an.

4. Schritt: Treffer eingrenzen

- Prüft die besten Treffer eurer ersten Suche.
- Sortiert weniger passende Treffer aus.

5. Schritt: Informationen prüfen

- Prüft die Qualität der Informationen, dabei helfen euch Leitfragen.
- Von wem stammen die Informationen?
- Sind die Informationsquellen glaubwürdig?
- Sind die Informationen aktuell genug – aus welchem Jahr stammen sie?
- Werden Tatsachen oder werden nur Meinungen wiedergegeben?

Ein Erklärvideo erstellen ▶ S. 74/75

1. Schritt: Thema und Technik auswählen

- Wählt ein Thema aus.
- Einigt euch darauf, ob euer Erklärvideo als Präsentation oder in Form von Bildern produziert werden soll.

2. Schritt: Einen Entwurf machen

- Zeichnet oder schreibt einen Entwurf.
- Der Entwurf enthält nur wenige Einzelheiten.
- Es ist wichtig, dass jeder weiß, was er zu tun hat.

3. Schritt: Einen Probelauf durchführen

- Probt vorher eure Abläufe.
- Wenn eure Abläufe sicher sind, kann gefilmt werden.

4. Schritt: Das Erklärvideo filmen und bearbeiten

- Sind die Beleuchtung und der Ton gut gewählt?
- Wird in der richtigen Geschwindigkeit gesprochen?
- Ist die Stimme gut zu verstehen?
- Bei Schwachpunkten können Teile des Videos noch einmal nachgedreht werden.

5. Schritt: Das Erklärvideo zeigen

- Holt euch ein Feedback ein.
- Reagieren die Zuhörer in der gewünschten Weise?
- Haben sie alles verstanden?
- Was könnte verbessert werden?

Eine digitale Präsentation erstellen ► S. 76/77

1. Schritt: Ein Thema finden und Unterthemen auswählen
- Wenn kein Thema vorgegeben wurde:
- Macht ein Brainstorming.
- Nutzt eine Mind-Map, um Unterhemden festzulegen.
- Recherchiert im Internet für mehr Informationen.
- Ergänzt – wenn nötig und möglich – eure Mind-Map nach der Recherche.

2. Schritt: Eine digitale Präsentation gestalten
- Legt Folien an
- Für die Gestaltung der Folien gilt: weniger ist mehr.
- Titelfolie: Worum geht es?
- Begnügt euch mit wenigen Sätzen pro Folie.
- Verwende kurze Sätze und aussagekräftige Bilder.
- Behalte ein einheitliches Layout bei.
- Verwende Grafiken und andere Medien (Achtung: Urheberrechte beachten!)

3. Schritt: Eine digitale Präsentation durchführen
- Übt eure Präsentation mehrmals ein.
- Begrüßt eure Klasse und führt in das Thema ein.
- Kennt die Bedeutung von Fremdwörtern und wie man sie ausspricht.
- Redet laut, deutlich und in einem angemessenen Tempo.
- Sprecht frei. Nutzt Stichwortzettel zur Unterstützung.
- Bedankt euch für die Aufmerksamkeit und beantwortet anschließend Fragen.

Eine Umfrage erstellen und auswerten ► S. 90/91

1. Schritt: Vorüberlegungen
- Überlegt euch zuerst, was ihr mit eurer Umfrage erreichen wollt.
- Wen möchtet ihr befragen?
- Wie soll die Umfrage erstellt werden?
- Wie wollt ihr die Umfrage auswerten?
- Wie viel Zeit benötigt ihr für die Durchführung der Umfrage?
- Findet zielführende Fragen. Stellt, wenn möglich, eher geschlossene Fragen als offene Fragen. Geschlossene Fragen lassen sich leichter auswerten.

2. Schritt: Fragen und Antwortmöglichkeiten aufschreiben
- Schreibt eure Fragen auf.
- Formuliert die Fragen verständlich.
- Testet die Umfrage erst an jemand anderen, um zu sehen, ob die Fragen verständlich und eindeutig sind.
- Überarbeitet, falls nötig, eure Fragen.

3. Schritt: Durchführung
- Kopiert den Fragebogen.
- Teilt den Fragebogen aus.
- Achtet auf die Zeit.

4. Schritt: Auswertung
- Schaut euch die Ergebnisse an.

Digitale Auswertung einer Umfrage ▸ S. 92/93

1. Schritt: Ein Computerprogramm auswählen

- Findet heraus, welche Computerprogramme euch zur Verfügung stehen.
- Wählt das Computerprogramm aus, das für eure Zwecke am besten geeignet ist.

2. Schritt: Ein Computerprogramm anwenden

- Jedes Computerprogramm bringt eigene Bedienungsschritte mit sich.

3. Schritt: Eine geeignete Form wählen

- Die digitale Auswertung einer Umfrage sollte einfach anzuwenden sein.
- Die Auswertung der Ergebnisse sollte gut sichtbar und leicht zu verstehen sein.

Entscheidungen bewerten ▸ S. 110/111

1. Schritt: Beschreiben, worum es geht

- Lest den Text – z. B. ein Fallbeispiel.
- Beantworte folgende Fragen: Worum geht es? Bei welcher Entscheidung könnten sich die Meinungen spalten?

2. Schritt: Verstehen, welche Handlungsmöglichkeiten bestehen

- Überlegt euch, welche Möglichkeiten es außer einer vorgeschlagenen Möglichkeit noch geben könnte.
- Ihr könnt sachlich eure Meinung zu dem Thema äußern.
- Überlegt euch, was für einen Kompromiss es geben könnte.

3. Schritt: Eine Entscheidung bewerten

- Achtet bei der Bewertung auf sachliche Argumente.
- Es gibt nicht nur eine richtige Entscheidung, sondern verschiedene Ansichten.
- Denkt daran, dass Menschen nicht immer einer Meinung sein müssen.

Hilfreiche Fragewörter zur Bewertung von Entscheidungen:

WER? Welche Personen waren an einer Entscheidung beteiligt?

WAS? Zu welchem Sachverhalt wurde eine Entscheidung getroffen?

WANN? Zu welchem Zeitpunkt wurde etwas entschieden?

WARUM? Wie wird die Entscheidung begründet? Hätte anders entschieden werden können? Hätte es andere Handlungsmöglichkeiten gegeben? Ist die Entscheidung für die Person zumutbar, die sie betrifft? Ist die Entscheidung gerecht und gilt für alle in derselben Weise?

Zukunftswerkstatt

▸ S. 122/123

1. Schritt: Die Kritikphase

- Fragt euch zum Thema Zukunft: Was passt euch nicht?
- Schreibt es auf kleine Papierstreifen auf.
- Legt euren beschrifteten Papierstreifen in die Mitte des Raums.
- In dieser Phase wird nur die Kritik gesammelt.

2. Schritt: Die Phantasiephase

- Macht aus der Kritik etwas „Positives".
- Denkt euch Wünsche und Ziele aus.
- Stellt euch die Frage: „Stell dir mal vor, wie schön es wäre, wenn…"
- Kritik an den Vorstellungen anderer sind verboten. Keine abfälligen Kommentierungen. Alles ist möglich.
- Formuliere deine Vorstellung zur idealen Zukunft deutlich.
- Zur Unterstützung kannst du auch etwas darstellen. Z.B. ein selbstgemaltes Bild, eine Collage, ein Gedicht oder eine schauspielerische Darbietung

3. Schritt: Die Verwirklichungsphase

- Hier werden Handlungsmöglichkeiten überprüft: Was können wir machen? Wie können wir es machen?
- Überlege und entscheide, wie du selbst einen Beitrag leisten kannst.

Lernplakate anfertigen

▸ S. 130/131

1. Schritt: Entwurf

- Skizziert mit einem Bleistift einen Entwurf.
- Auf dem Entwurf sollte erkennbar sein, wo später welches Material platziert wird.

2. Schritt: Material

- Beschafft euch großes Papier, Scheren, Klebstoff und Stifte.
- Je nach Thema eignen sich auch Fotos und Grafiken.

3. Schritt: Gestaltung

- Legt euer Material erst lose auf eure leeren Plakate.
- Klebt nun eure Materialien auf das Plakat auf.
- Schreibt eure Texte per Hand auf oder druckt sie aus und klebt sie auf das Plakat.

Stichwortverzeichnis

„f." bedeutet, dass
der Begriff auch auf
der jeweils folgenden
Seite zu finden ist.

Bildquellen

Fotos

Cover: Cornelsen/Klein & Halm (Fotos v.: Shutterstock.com/YanLev (HG Shutterstock.com/hydebrink), l.: stock.adobe.com/ArTo; r.: stock.adobe.com/pure-life-pictures;

S. 10 M1 (li.): Shutterstock.com/Svitlana-ua, **M1 (re.):** Shutterstock.com/Africa Studio; **S. 13 M2:** Shutterstock.com/Sergey Tinyakov; **S. 14 M1 (li.):** stock.adobe.com/fotohansel, **M1 (re.):** Shutterstock.com/Syda Productions; **S. 16 M1:** Shutterstock.com/Daisy Daisy; **S. 17 M3:** Shutterstock.com/Africa Studio; **S. 18 M1 (li.):** Shutterstock.com/Cookie Studio, **M1 (re.):** Shutterstock.com/fizkes; **S. 19 M3:** Shutterstock.com/Andrey_Popov; **S. 22 M1:** Shutterstock.com/Atstock Productions; **S. 23 M5:** Shutterstock.com/metamorworks; **S. 24 M1:** Shutterstock.com/Syda Productions; **S. 25 M4:** Shutterstock.com/Diego Cervo; **S. 26 M1:** Shutterstock.com/guteksk7; **S. 27 M2 (li.ob.):** Shutterstock.com/WAYHOME studio, **M2 (li.un.):** Shutterstock.com/Max Topchii, **M2 (mi.ob.):** Shutterstock.com/paulaphoto, **M2 (mi.un.):** Shutterstock.com/fizkes, **M2 (re.ob.):** Shutterstock.com/Kleber Cordeiro, **M2 (re.un.):** Shutterstock.com/Sylvie Bouchard; **S. 28 M1:** Shutterstock.com/Anna Nahabed, **M2:** Shutterstock.com/ZoranOrcik; **S. 30 M2 (li.ob.):** Shutterstock.com/Kleber Cordeiro, **M2 (li.un.):** Shutterstock.com/Rawpixel.com, **M2 (mi.ob.):** Shutterstock.com/Lapina, **M2 (mi.un.):** Shutterstock.com/sakkmesterke, **M2 (re.ob.):** Shutterstock.com/Dreams Come True, **M2 (re.un.):** Shutterstock.com/stockfour; **S. 31 M3:** Shutterstock.com/Halfpoint; **S. 32-33:** Shutterstock.com/Mikhaylovskiy; **S. 36 M1:** Shutterstock.com/Dean Drobot; **S. 37 M2:** Shutterstock.com/WarmWorld; **S. 38 M1:** Shutterstock.com/bubutu; **S. 39 M2:** Shutterstock.com/Dmytro Zinkevych, **M3:** Shutterstock.com/matimix; **S. 40 M1:** Shutterstock.com/LightField Studios; **S. 41 M2:** Shutterstock.com/Noel Powell; **S. 42 M1:** Shutterstock.com/Photographee.eu; **S. 44 M1:** Shutterstock.com/Lopolo; **S. 45 M2:** Shutterstock.com/Fotokostic, **M3:** Shutterstock.com/Toey Toey; **S. 46 (A):** Shutterstock.com/pixelheadphoto digitalskillet, **(B):** Shutterstock.com/fizkes, **(C):** Shutterstock.com/Dasha Petrenko, **(D):** Shutterstock.com/Belinka, **(E):** Shutterstock.com/mangostock, **(F):** Shutterstock.com/Halfpoint, **(H):** Shutterstock.com/fizkes, **(G):** Shutterstock.com/Rido; **S. 48 M1:** Shutterstock.com/Rawpixel.com; **S. 49 M2:** Shutterstock.com/Photographee.eu, **M3:** Shutterstock.com/Maridav; **S. 50 M1:** Shutterstock.com/Monkey Business Images, **M2:** Shutterstock.com/Kzenon,

M3: Shutterstock.com/Petr Malyshev, **M4:** Shutterstock.com/PhotoPlusProductions; **S. 51 M5:** Shutterstock.com/Ruwan Muhandiramge, **M6:** Shutterstock.com/Monkey Business Images, **M7:** Shutterstock.com/Iakov Filimonov; **S. 52 M1:** Shutterstock.com/Lorelyn Medina; **S. 53 M2 (li.):** stock.adobe.com/Alessio Orru' Photos/Alessio Orrù, **M2 (re.):** Shutterstock.com/Dmitrij Skorobogatov; **S. 54 ob.li.:** Shutterstock.com/Mikhaylovskiy, **M2:** Shutterstock.com/lassedesignen; **S. 55 M4:** Shutterstock.com/SpeedKingz, **M5:** Shutterstock.com/Africa Studio; **S. 56-57:** Shutterstock.com/fizkes; **S. 58 M1:** Shutterstock.com/VLADGRIN; **S. 59 M3:** Shutterstock.com/Brian A Jackson; **S. 60 M1:** Shutterstock.com/David Pereiras; **S. 62 M1:** Shutterstock.com/Kroster; **S. 63 M3:** Shutterstock.com/agung saputra; **S. 64 M1 (li.ob.):** Shutterstock.com/Yuriy Vlasenko, **M1 (li.un.):** Shutterstock.com/Maxx-Studio, **M1 (re.):** Shutterstock.com/NothingIsEverything; **S. 65 M2:** Shutterstock.com/FGC; **S. 66 ob.li.:** Shutterstock.com/Ollyy, **M1:** Shutterstock.com/Antonio Guillem; **S. 67 M2:** Shutterstock.com/Oakozhan; **S. 68 M1:** Shutterstock.com/Orn Rin; **S. 69 M3:** Shutterstock.com/elenabsl; **S. 70 M1:** Shutterstock.com/Pixel-Shot; **S. 71 M2:** stock.adobe.com/made_by_nana, **M3:** Shutterstock.com/Larina Marina; **S. 72 M1 (beide):** stock.adobe.com/Karl, **M3:** Shutterstock.com/Kamenetskiy Konstantin; **S. 73 M4:** Shutterstock.com/stable; **S. 74 M1:** Shutterstock.com/smolaw; **S. 75 M2:** Shutterstock.com/Daniela Barreto; **S. 76 M1 (ob.):** Shutterstock.com/JET90, **M1 (Ampel):** Shutterstock.com/Roman Sotola, **M2:** Shutterstock.com/kiko-kiko; **S. 78 ob.li.:** Shutterstock.com/fizkes, **un.re.:** Shutterstock.com/Krakenimages.com; **S. 79 M4:** Shutterstock.com/elenabsl, **M5:** Shutterstock.com/sarahhli, **M6:** Shutterstock.com/LightField Studios; **S. 80-81:** Shutterstock.com/Bodnar Taras; **S. 82 ob.re.:** stock.adobe.com/strichfiguren.de, **M1:** Shutterstock.com/mamaluky; **S. 83 M2:** Shutterstock.com/VectorShow; **S. 84 M1:** Shutterstock.com/ParinPix; **S. 85 M3 (li.ob.):** Shutterstock.com/Monkey Business Images, **M3 (li.un.):** stock.adobe.com/Flexmedia, **M3 (re.ob.):** Shutterstock.com/Dejan Dundjerski, **M3 (re.un.):** Shutterstock.com/Syda Productions; **S. 86 M1:** Shutterstock.com/Africa Studio, **M2:** stock.adobe.com/pict rider; **S. 87 M3:** stock.adobe.com/thingamajiggs; **S. 88 M1:** Shutterstock.com/sakkmesterke; **S. 89 M3:** Shutterstock.com/Nagy-Bagoly Arpad; **S. 90 M1:** Shutterstock.com/Cara-Foto; **S. 92 ob.li.:** Shutterstock.com/I000s_pixels; **S. 94 M1 (li.):** Shutter-